山东大学儒学高等研究院科研成果
山东大学曾子研究所科研成果
曾子研究院科研成果
曾智明"曾子学术基金"科研成果

汉字中国

曾振宇　主编

Chinese
Characters

王淑琴

著

华夏出版社

HUAXIA PUBLISHING HOUSE

图书在版编目（CIP）数据

友 / 王淑琴著 . -- 北京：华夏出版社有限公司，2024.2

（汉字中国 / 曾振宇主编）

ISBN 978-7-5222-0292-1

Ⅰ . ①友… Ⅱ . ①王… Ⅲ . ①汉字—通俗读物 ②中华文化—通俗读物 Ⅳ . ① H12 – 49 ② K203 – 49

中国版本图书馆 CIP 数据核字（2022）第 012048 号

友

著　　者	王淑琴	
责任编辑	蔡姗姗	
责任印制	周　然	

出版发行	华夏出版社有限公司	
经　　销	新华书店	
印　　装	三河市万龙印装有限公司	
版　　次	2024 年 2 月北京第 1 版 2024 年 2 月北京第 1 次印刷	
开　　本	880 mm × 1230 mm　1/32	
印　　张	8	
字　　数	156 千字	
定　　价	52.00 元	

华夏出版社有限公司　地址：北京市东直门外香河园北里 4 号　邮编：100028
网址：www.hxph.com.cn　电话：（010）64663331（转）
若发现本版图书有印装质量问题，请与我社营销中心联系调换。

序

　　《汉字中国》丛书即将付梓，主编曾振宇教授嘱我在书耑写几句话。我认为"汉字中国"是个好题，丛书的出版是件好事，摆到读者面前的是一套好书，振宇教授美意岂能却之？遂谨献鄙意如下。

　　首先我想说，这是一套什么样的丛书。显然，它不是研究中国文字的学术丛书，而是在文字研究基础上通俗地讲述中国自有的文化哲学体系中一批重要概念的著作，是一套把汉字与它所承载的哲学概念如何紧密地融合起来这一独特的现象呈现出来的创新之作。

　　丛书的编著者们认为"中国本土哲学与文化形态中的概念、文字和词语是中国哲学与文化的'结晶体'"。这是一个含义很深邃又很形象的比喻。这就意味着《汉字中国》将对中国哲学与文化的概念进行深入解读，探索其内涵和外延，从而发掘、展现中华文化与其哲学的精神、品质、性格的独特性，消解中国哲学与文化之双足只穿西方哲学之鞋履所带来的误解、困惑与尴尬。反过来看，通过对中国哲学与文化的认知和体验，又可以明了并深化对这些汉字形音义的来龙去脉、衍生变异以及遗存、渗透在现代汉语词汇中的文化基因的认识。或许这也是本套丛书冠以"汉字中国"之名的用意所在吧。

诚然,《汉字中国》所分析、论列的,大多是日常所用的字词,有些即使是"专门"词语,也已经为越来越多的人所习见;但是,由于种种历史的、社会的原因,今人也常常与这些字词的深意若即若离。而如果忽略了汉字在数千年传承、延绵、孳乳、变异过程中沉淀于后世语言形式里的传统文化意义,就会冷淡了中华文化的特性,很可能语言 / 概念发生"漂移"现象,不得已时只好乞灵于异质文化,从而难以形成阐述中华文化的中国话语体系。

"结晶体"这样一个形象而很有意趣的比况,更会引发读者的遐想:在这个"结晶体"里面,有着丰富多样的微观世界,中国文化的种种现象和思想都在有序地存在着、排列着。由此可以想见,《汉字中国》的筹划、酝酿、研究,用心良苦矣!我不由得又想到,《汉字中国》的影响所及,可能并不仅限于人文社会科学、哲学领域,即使在构建科学技术伦理、自然语言处理、人机对话、中外语言互译,乃至人工智能等领域,似乎也可以参考一下吧。

话说得远了些,就此搁笔。

忝谓之"序"。

2019 年 8 月 22 日

第一章
"友"观念的起源

第一节　两手相助为"友"

"创造和使用文字，是人类的一种特殊能力。文字作为文化的主要载体和社会交往的主要媒介，既是文化发展的历史成果，又随着社会变迁而不断演变。"[1] 就"友"字而言，从字面看来，人们会说这是"朋友"的"友"，或是"友谊"的"友"，说法当然很对，但不够全面，不全面的原因在于我们无暇去探其源、寻其流。在没有考察"友"字源流之前，笔者也仅是粗略地理解它，接触到更多资料之后，才逐渐发现"友"的天地是一个不断拓展的世界，它反映了人类历史的某些变迁，也许它是中国思想史领域的重要理念之一。

从已有资料来看，"友"既是特定的人称，也用于表达伦理规则。现代人一般将"友"认定为朋友或朋友间的伦理规范。古代"友"的内涵与现今有所差别。有些学者认为"友"的古义为

1　王利华：《周秦社会变迁与"友"的衍化》，《江西社会科学》2004 年第 10 期。

同族的人、僚属或同僚。在一些文献中，"友"与君臣之道联系密切。在《尔雅·释训》中，友即"善兄弟为友"[1]，在这个解释中，友可指称兄弟间的相处规范。上述不同的解释不禁使人们感到好奇，看似简单的一个"友"，怎会产生如此多的内涵呢？难道与"友"的造字及原始含义有关？下文的内容能否揭开"友"字的奥秘呢？

在甲骨文中，友，写作 ，从二又（手），构形不明，用作人名之组成部分时为借音字。从"友"的字形——两手相依，似两人在共同做事——我们可以简单推断它有互助的含义，代表了亲密的人际关系。一些学者就"善兄弟为友"来说明"友"指手足兄弟，但兄弟一说很可能是后起的引申义。单独分析甲骨文中的"又"（手），其像右手之形。罗振玉指出："卜辞中左右之右，福祐之祐，有亡之有，皆同字。"[2] "又"字，甲骨文用作侑祭之侑时为借音字，对先王和自然神进行又祭，是为了求得福佑和好年成。殷代卜辞常见"受又"一词，意思是说受到神灵的佑助。若借用罗振玉等人的考证，"友"为二又（手）连列，可解释为相互帮助。

《说文解字》释"又"为"手"。"又"是"右"之初文，王力先生认为助人以手，右的本义应是以手相助。"友"从二又（手），"友"的本义则是两手相助。"友"作"帮助"之义，在《孟子》

---

1 （晋）郭璞注，（宋）邢昺疏：《尔雅注疏》，上海古籍出版社 2010 年版，第 200 页。
2 于省吾：《甲骨文字诂林》第一册，中华书局 1996 年版，第 877 页。

《荀子》等文本中可见，如《孟子·滕文公章句上》："乡田同井，出入相友。"[1]

"友"可用作官名、人名，如"中友父"；或作为对人的尊称，如"友邦君""友邦家君"。从友的本义出发，"'友'引申出'亲爱、友好'义（多用于兄弟之间）和'志趣相投的人'义，在此基础上，'亲爱、友好'义又引申出'和顺'义，'志趣相投的人'义又引申出'交友'义"[2]。"友"的"亲爱、友好"义常见于兄弟之间，兄弟间更离不开互相帮助。

东汉许慎在《说文解字》中说："同志为友。从二又相交。""周礼注曰：同师曰朋，同志曰友。"[3] 可见"同志为友"为当时学者所采纳，"友"为拥有共同志向的人群。清代段玉裁注解说："二又，二人也。善兄弟曰友。亦取二人而如左右手也。"段玉裁认为"友"为以善对待兄弟，有"友爱"义。许慎与段玉裁对"友"的解释已接近"友"的现代含义。

由上述内容，我们已经了解到"友"的本义为两手相助，作"帮助"讲，那么它的其他含义在文献中有哪些表现？又出现了怎样的变化呢？

1　（清）焦循：《孟子正义》，中华书局 1987 年版，第 359 页。

2　吴峥嵘：《"朋"与"友"的词义发展》，《信阳师范学院学报（哲学社会科学版）》2005 年第 2 期。

3　（汉）许慎撰，（清）段玉裁注：《说文解字注》，上海古籍出版社 1988 年版，第 116 页。

第二节 "友"的字义变迁

一、"族人"与"僚属或同僚"

童书业先生解释"士有隶子弟"与"士有朋友"时说，士一般无家臣，以子弟为仆隶，类似于臣。但他也说"隶"可能为亲族隶属之义。朋友应是士之宗族成员，朋友即"隶子弟"。他举青铜器铭文作例证时说朋友为族人。"朋"字有比、类、党等含义，"'善兄弟为友'，则'朋友'古义为族人……《毛公鼎》铭'以乃族干吾王身'……作'以乃友干吾王身'，二器同时，可证'朋友'古义为族人"[1]。

鲁庄公二十二年，陈国公子完（卒谥"敬仲"）逃亡到齐国，齐桓公想让敬仲做卿，敬仲以诗辞谢说："翘翘车乘，招我以弓。岂不欲往？畏我友朋。"[2] 于是敬仲做了一个小官工正（管理工匠的官）。童书业先生认为此处"友朋"是族人之义，指陈国的同族。至于为什么说"友朋"是敬仲的族人，童书业并未做出详细解释。如果我们留心一下，诗中的一个"畏"字已足够说明敬仲的友朋可以指摘他的言行，友朋有责善之职，否则因何生畏呢？

1　童书业：《春秋左传研究》，中华书局 2006 年版，第 111 页。

2　杨伯峻：《春秋左传注》，中华书局 2009 年版，第 220 页。

当然敬仲心中已有不做卿的决断，引诗作答是他委婉谢绝齐桓公的方式。

孔子说："不学诗，无以言。"[1] 孔子又说："诵诗三百，授之以政，不达；使于四方，不能专对；虽多，亦奚以为？"[2] 对孔子的这两句话我们该如何理解？结合敬仲对诗的巧妙运用，我们可知诗是古人在重要场合的一种交流方式。诗中已含人情礼仪、治国安民之道，善于用诗的人可以恰当表达自己的意见而不至于招辱，能够避免对方的不愉快甚至愤怒。难怪孔子希望学生在理解诗的内涵的基础上，出使四方时能做到以诗专对。通过对传统文化的学习，我们很容易感到古人言语的方式比现代人更委婉一些，在孔子的时代及其以前，有以诗作答的传统。

除了提到"朋友"的古义为族人，童书业又指出："'友'如非指族人，即指僚属或同僚。"[3] 从童书业的论述中我们不难看出，早期"朋友"的含义不容易确定，但大体可以归为"族人"和"僚属"两类。

二、"兄弟"之称

先秦之前，"友"曾指称兄弟间的亲属关系，这一看法在一些学者的论述中经常出现。在西周的青铜器铭文中，有一类与

---

1 2　程树德：《论语集释》，中华书局1990年版，第1168页、第900页。

3 《春秋左传研究》，第111页。

器主关系较密切的人——"友"（或"朋友"）。朱凤瀚先生解读西周青铜器铭文并比照《左传》等书，得出西周时期"友"或"朋友"指同一家族的亲属，亲兄弟也在朋友一称中，由于"西周器铭未见朋友、兄弟并称者，当是亲兄弟亦包含在朋友之称中"[1]。

钱宗范先生则认为"朋友"当不包含亲兄弟。他说：今日所用"朋友"一词的原始意义，在古代是指同族内的弟兄。他进一步解释说，朋友的亲属关系远于亲兄弟而近于绝族之人，应视为同宗之弟兄。对"朋友"的原始意义做过阐释后，钱宗范认为，先秦文献中作现代意义解释的"朋友"并非本义，宗族制度解体、不同宗族之间的人频繁接触，才是此类"朋友"含义出现的原因。

王利华教授说西周铭文提到的人称，除了"友"与"朋友"，还有父母祖先、子孙，有时提到同僚（如卿事、师尹）和姻亲，都属于关系亲密的人，这些人群"要么是同姓亲属，要么是异姓亲戚"[2]，他把"友"归到了同姓亲属与异姓亲戚中。《广雅·释诂》释"友"为"亲"，如今"亲"这一称呼被应用于朋友间，甚至陌生人之间，颇有一番趣味。

1　朱凤瀚：《商周家族形态研究》，天津古籍出版社 1990 年版，第 311 页。

2　王利华：《周秦社会变迁与"友"的衍化》，《江西社会科学》2004 年第 10 期。

三、"群臣"之义

同样是探讨"友"的涵义，学者们的意见却并不一致，究竟哪一种解释更接近客观史实呢？接下来我们不妨找寻一些相关证据。

童书业曾以铭文解释"友"的含义，认为"友"与"族"含义接近。"《毛公鼎》铭'以乃族干吾王身'……作'以乃友干吾王身'，二器同时"，由此可见，"友"与"族"的地位比较重要，虽然两器同时存在，但以此推断"友"与"族"为同一含义，是不是有些勉强？若想归纳"友"的具体含义，需要从青铜器铭文读起。《两周金文辞大系考释》记载：

> 《克盨》：唯用献于师尹、朋友、婚媾，克其用朝夕享于皇族考。
>
> 《许子钟》：用乐喜宾大夫，及我朋友。
>
> 《乖伯簋》：用好宗庙，享夙夕，好朋友与百诸婚媾。
>
> 《王孙遗者钟》：用乐嘉宾父兄，及我朋友。

这几则铭文将朋友列于师尹或大夫之后、婚媾之前，笔者推测"朋友"也可能为职位名称。《王孙遗者钟》铭记："用乐嘉宾父兄，及我朋友。"在此处父兄与朋友同时出现，表明"朋友"

并不指称兄弟关系。"友"和"朋友"在春秋之前究竟指哪一类人群，就研究者的说法来看，似都有漏洞，惟童书业"'友'如非指族人，即指僚属或同僚"一说，较为中肯。结合"友"的本义分析，我们暂作猜测："友"指称的是较亲密的人群，它可指兄弟间的亲密关系，也可指"僚属或同僚"，"孝""友"二字连用，当取"友"的延伸义"友爱、扶助"讲。如果这个论断成立，《诗经》《左传》《郭店楚简》等文献所涉及的友朋内容，方能顺利解释。

在《诗经》的篇章里看不出"友"有同族亲属的含义，有时它与"兄弟"次第出现，如《沔水》所述"嗟我兄弟，邦人诸友"。《诗经》谈到的"友"是脱离血亲关系的一类人。自天子以及庶人，未有不需友以成。"相彼鸟矣，犹求友声。矧伊人矣，不求友生。"朋友有规劝之责，"朋友攸摄，摄以威仪"。《沔水》劝告朋友要警惕和提防谗言兴起，"我友敬矣，谗言其兴"。在《诗经》中，"友"还有"善兄弟为友"的含义，"张仲孝友"中的"友"可解释为友爱，《皇矣》称赞王季对兄友爱，诗人说："维此王季，因心则友。则友其兄。"[1]

西周青铜器铭文中已出现"诸兄"等词语，"兄弟"与"朋友"同出的情况见于春秋早期的《贩叔多父盘》铭文，铭文将"朋友"列在"师尹"之后，"兄弟"之前。这里的"朋友"显然

---

1 引文均出自（清）方玉润：《诗经原始》，中华书局1986年版。

与亲属无关，只是地位略次于"师尹"的一类人，铭文的内容倒与"天子有公，诸侯有卿，卿置侧室，大夫有贰宗，士有朋友"[1]的顺序相符。在《诗经》里，"朋友"作为臣属之义出现的次数较多。《诗经·假乐》："燕及朋友。"[2]《毛传》称"朋友"为群臣。《六月》："饮御诸友。"陈奂谓："诸友，处内诸臣也。"

吕思勉先生认为，"朋友"的古义是群臣，群臣的关系近似于朋友。他说："《毛传》曰：'朋友，群臣也。'此古义也。"[3]《史记·廉颇蔺相如列传》记载，赵国宦官令缪贤说："臣尝从大王与燕王会境上，燕王私握臣手，曰'愿结友'。"此处的"友"即互助的朋友。

鲁桓公二年，师服曰："天子建国，诸侯立家，卿置侧室，大夫有贰宗，士有隶子弟。"[4]杨伯峻称："'士'自以其子弟为隶役。'士'自是'宗子'（家长）。"在周代，"士"是贵族等级制度中最低的一个等级，以子弟为仆隶。随着时代的变迁，"朋友"取代了"隶子弟"。鲁襄公十四年，师旷曰："天子有公，诸侯有卿，卿置侧室，大夫有贰宗，士有朋友。"我们将两则史料对比来看，不难发现"士有隶子弟"与"士有朋友"表达的是相近的意思，"隶子弟"与"朋友"都有辅助士的职责。

1　《春秋左传注》，第 1016—1017 页。

2　（清）王先谦：《诗三家义集疏》，中华书局 1987 年版，第 897 页。

3　吕思勉：《吕思勉读史札记》，上海古籍出版社 2005 年版，第 241 页。

4　《春秋左传注》，第 94 页。

杨伯峻先生在《春秋左传注》"士有朋友"下指出："桓二年《传》云'士有隶子弟'，似此'朋友'即指'隶子弟'。以桓二年《传》'各有分亲'及此下文'皆有亲昵'推之，朋友一词，非今朋友之义。或其同宗，或其同出师门。"[1] 王志在《〈左传〉"士有隶子弟"献疑》中说，"隶子弟"也指前来依附于"士"的其他家族的子弟（不排除自家子弟）。郭守信指出："朋友不是今天意义上之朋友，同样，隶子弟也绝不是限于血缘关系的子和弟，而是古代社会特有的概念，反映的是一个特定的历史阶段发生的人际关系。"[2]《大戴礼记·曾子制言上》称："父母之仇，不与同生；兄弟之仇，不与聚国；朋友之仇，不与聚乡；族人之仇，不与聚邻。"[3] 这句话将朋友列在兄弟之后、族人之前，表明朋友比族人更亲近一些，由于"士"的职业、身份不一，不排除它指称同一师门的弟子。

四、志趣相投之友

春秋以后，见于文献的"友"主要指志趣相投、联系密切的人群。《庄子》记载了这样一个故事：老聃病终，秦失前去吊唁，哭了几声就出来了。弟子问："您的吊唁这样简单，难道老聃不是

1 《春秋左传注》，第 1017 页。

2 郭守信：《"士有朋友"——古代社会人际关系初探（上）》，《文化学刊》2007 年第 3 期。

3 （清）王聘珍：《大戴礼记解诂》，中华书局 1983 年版，第 91 页。

您的朋友吗?"秦失说:"他是我的朋友。来到人世时,老聃应时
而生;离开人世时,他顺理而去。'安时而处顺,哀乐不能入'[1],
这是我和老聃对生命共有的认识,因此我可以这样吊唁。"《庄
子·内篇·大宗师》记载:子祀、子舆、子犁、子来聚到一起谈
论说,谁能把无当成头,把生当作脊梁,把死当作尾骨,谁能认
识到死生存亡是一体的,我们就和他交朋友。说完他们相视而笑、
彼此心意相通,于是结为朋友。这样的事例在古代文献里并不鲜
见,其涉及的朋友之道在其他章节将展开具体的阐述。

综上所述,作为特定人称的"友"或"朋友",其字义经历了
一定的变化。由典籍可证,"友"最初可指互助、共事的一类人,
或指兄弟间的亲属关系,随着周代社会的历史变迁,"友"或"朋
友"进一步指称同僚或僚属,士友关系逐渐瓦解时,"友"的当代
义浮现,过渡到有共同志向的人群上来。

第三节 "友"的内涵及其发展

一、"友"与"悌"的涵义

"友"作伦理规范讲,常与孝并称,为"友爱"义,或特指兄
弟间的友爱帮助(有时"友"也专指兄对弟的关爱),如"唯辟孝
友"(出自《史墙盘》铭文,"辟"为君王)、"张仲孝友"等说法。

---

1 陈鼓应:《庄子今注今译》,商务印书馆 2016 年版,第 124 页。

　　蔡元培在《中国伦理学史》一书中指出："伦理界之通例，非先有学说以为实行道德之标准，实伦理之现象，早流行于社会，而后有学者观察之、研究之、组织之，以成为学说也。在我国唐虞三代间，实践之道德，渐归纳为理想。"[1]"友"这一道德便是存在于社会中，而后被有识之士提炼，逐步成为通行于传统社会中的德行规范。

　　"孝""友"是西周时期的处世法则，据《尚书·康诰》记载，罪大恶极的人是"不孝不友"[2]的人。做弟弟的不念及天性，不恭敬地对待兄长；兄长也不为弟弟缺乏教养而哀痛，"大不友于弟"。上天赐予我们的人伦法则遭到了破坏，此时应立即按照文王制定的法规对"不孝不友"的人严加惩罚。"友"的精神要求兄弟间友爱、互助，但由于长幼双方的地位不同，兄友弟恭、兄友弟悌、兄爱弟敬等说法便出现了。在《荀子·君道》里有："请问为人兄，曰：慈爱而见友。"[3]其中"友"是长兄的道德规范，有友爱、扶助的含义。

　　"悌"字出现较晚，由"弟"发展而来。弟，韦束之次弟，束物之皮革为韦，辗转环绕，有如螺旋。螺旋状束之，则必有先后次弟，次弟先后之义由此而生。后来，"弟"引申为兄弟之弟，此时弟仍有顺序的含义，也有了顺从的道德内涵，所以古人把善事

1　蔡元培：《中国伦理学史》，中华书局2014年版，第1页。

2　（清）孙星衍：《尚书今古文注疏》，中华书局1986年版，第367页。

3　（清）王先谦：《荀子集解》，中华书局2013年版，第275页。

兄长称为"弟",又作悌,以表示人们心中牢记先后次弟。尧舜之道,孝悌二字必在其中。

《尚书·康诰》把"不孝不友"看成"元恶大憝"[1],若基本的自然情感都实现不了,确实是人之大恶。灭商后第二年武王病逝,年幼的成王继位,周公摄政。管叔说周公将废成王取而代之(郑玄认为管叔、蔡叔与霍叔为"三监",居邶、鄘、卫三地以监控殷族),谋划作乱,史称"管蔡以武庚叛"。周公于是率军东征,他指出"三监"的罪状即"不孝不友"。孝、友的德行倍受儒家重视,《周礼·春官·大司乐》记有"中、和、祗、庸、孝、友"[2]。《仪礼·士冠礼》称:"孝友时格,永乃保之。"《周礼·地官》记载六行有:"孝、友、睦、姻、任、恤。"[3]

"友"是兄弟之间的道德规范,若加以区分,则兄爱弟称"友"、弟敬兄称"悌"。值得注意的是,仿佛儒家对"悌"更加重视一些。因"弟"包含在"友"的道德内涵中,且它的地位比较重要,所以我们尝试对"悌"做一些分析。先秦的古籍多写作"弟",从心,弟声,含义为尊敬、爱戴兄长,弟对兄当恭顺。"悌"也泛指敬重长上,"悌"在"长幼有序"的意义上应用较广。

"悌"属于儒家的伦理范畴,儒家非常重视"孝悌",把它看

---

1 《尚书今古文注疏》,第 367 页。

2 (清)孙诒让:《周礼正义》,中华书局 2013 年版,第 1723 页。

3 《周礼正义》,第 756 页。

作为仁之根本。《论语·学而》记载有："其为人也孝弟，而好犯上者，鲜矣；不好犯上，而好作乱者，未之有也。君子务本，本立而道生。孝弟也者，其为仁之本与！"[1]孔子曰："弟子入则孝，出则弟。"[2]这道出了"弟"作为一种行为准则，有处理人际关系的作用。《论语·为政》指出，孝、友可"施于有政。是亦为政"[3]。《左传》记载的一些史实充分说明了孝、友即是为政，不孝不友的人作乱于国，容易导致社会动荡。

在《论语》中，孔子对"弟"作出了两种阐释：敬兄与敬长。孔子视"孝弟"为"仁之本"，在孔子看来，家门内孝弟之人不容易犯上、作乱，有利于社会秩序的稳定。孔子还认为，"弟"的规范可运用在门外，在乡党、社会中人们依年龄或地位尊敬他人。

孟子把爱亲、敬兄看作良能良知，从"爱其亲"和"敬其兄"中，孟子进一步归纳出亲亲与敬长两类道德，并将它们分别认定为仁与义。他说"亲亲，仁也。敬长，义也"[4]，仁、义可"达之天下"。孟子把"事亲"看作"仁之实"，将"从兄"视为"义之实"，他说："仁之实，事亲是也。义之实，从兄是也。"[5]智、礼、乐则围绕仁义展开。

子贡询问，怎样的人可称作"士"呢？孔子列举了三类行为

1 2 3　程树德：《论语集释》，中华书局1990年版，第10—13页、第27页、第121页。
4 5　《孟子正义》，第899页、第532页。

特征，首先是"行己有耻，使于四方，不辱君命"，次一等为"孝弟"，再次一等为"言必信，行必果"。孔子说"宗族称孝焉，乡党称弟焉"[1]，可见通行于乡党间的"弟"属于"士"的品行。由于门外之"弟"有益于和谐的人际关系，在多次论述中，我们读出了儒家对"出则弟"的重视。司马牛曾忧虑地说："人皆有兄弟，我独亡。"子夏劝勉他说："君子敬而无失，与人恭而有礼。四海之内，皆兄弟也。"[2] 怎样做到"出则弟"呢？"恭而有礼""敬而无失"就是完美的行为准则。子夏认为只要遵从了上述准则，天下之人犹如兄弟。

孟子把孔子的孝弟思想做了深入阐发。他重视"弟"在家庭外部的意义，主张以兄弟间的相处方式来处理长幼关系，这种处理的结果就是"长幼有序"。因此，《孟子》谈到兄弟一伦时，不讲"兄弟有叙"，而是讲"长幼有叙"[3]。"叙"通"序"，为次序之意，也指"序齿"，即按年龄论高低尊卑。在家庭与乡党中，人们都以年龄论尊卑。与孔子有所差异的是，在家庭内敬老爱幼的基础上，孟子提出了推恩之法。推恩以人的自然情感为出发点，以人的社会情感为归宿。孟子赞同"善推其所为"[4]，他说："老吾老，以及人之老；幼吾幼，以及人之幼。"[5] 同理可知，敬兄便可推恩至尊敬年长的人。

---

1 2 《论语集释》，第 927 页、第 830 页。

3 4 5 《孟子正义》，第 386 页、第 87 页、第 86 页。

　　《郭店楚简》则称"长弟，亲道也"[1]，并且"长弟"也是"孝之方"[2]。"孝弟"也具备上下、先后之义，"父子，至上下也。兄弟，至先后也"[3]，因此孝弟是圣明君主教导民众的重要内容。君主亲身示范，以亲事祖庙教导人们孝顺父母。在太学中，天子以"亲齿"[4]教化百姓尊敬长辈。《礼记·祭义》记载："天子设四学，当入学而大子齿。"[5]太子与同学也以年龄序尊卑。

　　荀子很重视孝悌之道，他说："君臣、父子、兄弟、夫妇，始则终，终则始，与天地同理，与万世同久，夫是之谓大本。"[6]在荀子看来，即使时间推移、社会变迁，凡有人类繁衍生息之地，君臣、父子、兄弟、夫妻之间的伦理关系便始终存在，此四伦是人世间的大本。他认为守孝悌是好少年的标准，是百姓丰衣足食、免受刑罚杀戮的基础。在《修身》篇中，荀子描绘了善少者、恶少者、不详少者的行为特征，"顺弟"是善少者的德行，不祥少者则不顺不弟。从学习儒学开始，笔者关注到周围人真实的生活，由于缺乏儒家文化的熏陶，再加之社会崇尚奢侈、盲目攀比的不良风气，一些大人和孩子迷失在无道中，夫妇无序、孩子不顺已不是偶然现象，不顺不弟之人终将面临祸患，难以收获美好的人生。

---

1 3　刘钊：《郭店楚简校释》，福建人民出版社2005年版，第182页。

2　《郭店楚简校释》，第208页。

4　《郭店楚简校释》，第148页。

5　（清）孙希旦：《礼记集解》，中华书局1989年版，第1232页。

6　（清）王先谦：《荀子集解》，中华书局2013年版，第193页。

荀子主张的孝悌之义包括事兄与尊敬长者。荀子认为兄应"慈爱而见友",弟应"敬诎而不苟"[1]。在社会交往中,人们还需做到"遇乡则修长幼之义,遇长则修子弟之义"[2],如此做便是爱敬、不争。礼能规范孝悌的行为,在《乐论》篇中,荀子描绘了乡中饮酒的礼仪,在礼仪中荀子看到了人们对年长者和年轻人的尊重,他认为长幼有序有利于端正身心、安定国家。实现"悌"道,除了遵礼,人的内心还应具有怎样的认识呢?荀子指出:"有兄不能敬,有弟而求其听令,非恕也。"[3]以自己的欲求为中心,不去敬兄却要求弟弟顺从自己,此非恕道。明白了兄弟之间的"恕",君子才能端正身心,从而实现"悌"的规范。

"悌"的意义和运用在《礼记》中有更加详细的解释。礼可体现兄弟间的伦理关系,"君臣上下,父子兄弟,非礼不定"[4]。与其他著述不同的是,在《礼记》中"悌"被看作先王治理天下的原则。虞、夏、殷、周皆"尚齿","年之贵乎天下久矣"[5],仅次于事亲。"弟"可达于朝廷、道路、州巷、搜狩、军旅。在朝廷内,同爵则尚齿,"七十杖于朝,君问则席,八十不俟朝,君问则就之"[6]。在道路上,"行,肩而不并,不错则随,见老者则车、徒

---

1 2 3 《荀子集解》,第 275 页、第 117 页、第 634 页。

4 《礼记集解》,第 8 页。

5 6 《礼记集解》,第 1229 页。

辟，斑白者不以其任行乎道路"¹。"悌"广泛实现于社会的各个领域，有助于长幼秩序的形成，"众以义死之"²，由此则天下大治。兄弟和睦为"家之肥"³，是家庭的福分，孝弟忠顺之行立，而后可以为人、治人。

宴饮时，国君与族人依长幼之序排列位次，国君敬顺自己的长辈能够教民顺从。在公族中，即使有人地位尊贵，也要按长幼排列位次。在大学，天子"祖而割牲，执酱而馈，执爵而酳，冕而摠干"⁴，以"食三老、五更"来教导诸侯之"弟"，从而利于社会形成良好的秩序："老穷不遗，强不犯弱，众不暴寡。"

综上所述，"悌"一般包含两种内涵，一为敬兄，二为尚齿。敬兄是本，由敬兄可推恩到"尚齿"，"尚齿"则具有普遍的社会价值。在现代，家庭与社会良好秩序的建立仍旧离不开长幼有序，"悌"道在现代社会依然能展现出它旺盛的生机与活力。作为兄弟间的道德规范，"友"与"弟"存有内在关联，通过对"弟"的内涵的深入了解，我们看到"悌"还具有更加广泛的社会意义。那么"友"在规范兄弟关系的同时，还包含着什么样的内容呢？

---

1 《礼记集解》，第 1230 页。

2 4 《礼记集解》，第 1231 页。

3 《礼记集解》，第 620 页。

二、"尊贤良"与"相有"

"友"作为兄弟间的伦理规范，其含义在古代未曾改变。由于"友"作为特定人称的字义发生了变迁，因而"友"又增加了新的道德涵义。《周礼·地官·师氏》记载："教三行……二曰友行，以尊贤良。"[1] 在这句话中，"尊贤良"已纳入"友"的内涵，显示了"友"在辅助关系中的运用。"友"字内涵的这一变化可谓中国思想史上的浓重一笔，"友"的伦理内容也成了师友，甚至君臣间的道德规范。

《郭店楚简》记有这样一句话："友，君臣之道也。"[2] 它对友道的论述，在古代乃至现代都有重要的社会意义。此处的"友"可解释为相互保有，有"帮助"的含义，"相有"、互助才是君臣之道。孟子说"乡田同井，出入相友"，这里的"友"也有帮助的含义。荀子说"友者，所以相有也"[3]，有与友同义，"相有"为相保有，不使彼此丧亡。我们再细看一下"友者，所以相有"的上下文，在《大略》篇中，荀子说："君人者不可以不慎取臣，匹夫不可以不慎取友……道不同，何以相有也？"[4] 君择臣、匹夫交友，都需要建立在同道的基础上，只有同道，才能互相辅助。

---

1 《周礼正义》，第 997 页。

2 《郭店楚简校释》，第 208 页。

3 4 《荀子集解》，第 607 页。

二程说："上下之交不诚而以伪也，其能久相有乎？"[1]这里的上下之交指的是君臣之交，二程认为君臣宜以诚相交，不诚则难以相有。此处的"相有"也有相互帮助的含义。《白虎通疏证》记有："师长，君臣之纪也，以其皆成己也。"[2]师者教人做君子，长者教之成人、做长者，皆有成己之功。君臣有"成己"一说，可理解为君对臣有"成己"之功，而臣对君有辅助之功，在此我们可以将它与"友，君臣之道"放在一起理解。总体看来，君臣关系更似朋友。若细分起来，君对于臣、臣对于君又有着各自的特点与规范。关于君对臣有成己之力，程颐发表过类似的论述，臣能建功立业，依靠的是君的势位和人民对君的拥戴，由此可说君有成己之功。

此外，我们还应注意到文献中存在着一类人际关系：士与友。在《郭店楚简》中，人们可以读到一些关于士与友的内容。士与友有唇齿相依的关系，"士无友不可"。士有谋友，言谈辩论就很有自信。荀子说："天子之丧动四海，属诸侯；诸侯之丧动通国，属大夫；大夫之丧动一国，属修士；修士之丧动一乡，属朋友。"[3]从中我们也不难看出"朋友"与"士"的密切关系。《礼记·曾子问》有关于朋友为士的丧事设奠的记载："天子诸侯之丧，斩衰者奠，大夫齐衰者奠，士则朋友奠。"[4]《左传》

1　（宋）程颢、程颐：《二程集》，中华书局2004年版，第1244页。

2　（清）陈立：《白虎通疏证》，中华书局1994年版，第375页。

3　《荀子集解》，第426页。

4　《礼记集解》，第515页。

也有"士有朋友"的记录，可以看出士与朋友间的"亲昵""辅佐"关系。

三、历史上友朋关系的特征

当士与朋友这一人际关系逐步淡出，朋友便因志同道合而交友。翻阅历史要籍，涉及朋友间友情的交友典故与事例就不胜枚举了。除了"友，君臣之道"显现在历代儒者的理想世界中，中国历史上的友朋关系还有两个显著的特征。

其一，存在患难相死的朋友之道，侠义之风畅行不衰。在某些历史时期曾出现为友复仇，甚至"以躯借友复仇"的风气。何类特征与气质的人可称为"侠"呢？西汉司马迁在《史记·游侠列传》中做了一些解释："其言必信，其行必果，已诺必诚，不爱其躯，赴士之厄困，既已存亡死生矣，而不矜其能，羞伐其德。"[1]孟子曾说："大人者，言不必信，行不必果。"[2]言行讲求诚信是普遍原则，但不能绝对化，这是儒家真正要主张的。东汉士人重承诺，较接近"侠"的道德。至于复仇之事，宋代程颐则持斥责态度。

《礼记》记载了一些有关朋友的规范和礼仪，如《礼记·曲礼上》："不许友以死。"[3]父母在世，不可作同生共死的承诺。吕思

---

1 （汉）司马迁：《史记》，中华书局2014年版，第3865页。

2 《孟子正义》，第555页。

3 《礼记集解》，第22页。

勉写道:"'父母存,不许友以死。'则许友以死者多矣……古人有罪不逃刑,此乃许君以死,而又守信,使之然也。"[1] 在这段话中,吕思勉先生可能把许友以死与委质策死当作同一件事了,但事实上此二者并不相同。当晋惠公的车马陷入泥泞时,庆郑因晋惠公不听劝谏没有亲自去救他,他招呼的其他人因解救晋惠公而贻误了战机,晋惠公反被俘获。晋惠公回国后,蛾析对庆郑说:"你怎么不逃走呢?"庆郑回答说:"陷君于败,败而不死,又使失刑,非人臣也。臣而不臣,行将焉入?"[2] 于是庆郑被晋惠公杀害。在我们看来,庆郑有逃走的机会,但他认为自己陷君于败,理应受死,若再逃走,更是"臣而不臣"。庆郑因没有尽到臣的职责受刑,至于他是否曾"许君以死",还有待考证。

《国语·晋语九》记有夙沙釐之言:"委质为臣,无有二心。委质而策死,古之法也。"[3] 质为贽,《白虎通疏证》有对见君之贽的详细记载。臣事君以义合,因"得亲供养",贽有"质己之诚,副己之意"[4] 的作用。士以雉为贽,取雉"不可诱之以食,慑之以威,必死不可生畜"之义。雉,野鸡,为耿介之鸟。以雉相见,象征士行耿介,守节死义,不当有所转移。从《白虎通疏证》的论述中,我们得知"守节死义"[5] 是士的品格特征,士可"死

1 《吕思勉读史札记》,第242页。

2 《春秋左传注》,第367页。

3 徐元诰:《国语集解》,中华书局2002年版,第445页。

4 5 《白虎通疏证》,第359页、第356页。

义"、不失其节,而并非事君以死。《吕氏春秋·士节》记载:"士之为人,当理不避其难,临患忘利,遗生行义,视死如归。"[1] 庆郑的言行也印证了他守节死义的信念。

委质、策名之事在《左传》里有一段记载。晋怀公继位后,命狐突之子狐毛、狐偃不要再跟随逃亡在外的重耳。狐毛、狐偃不归,于是晋怀公以狐突性命威胁他们,他对狐突说:"你的儿子回来就免你死罪。"狐突说:"'子之能仕,父教之忠'[2],策名、委质后,若有二心便是罪过。臣之子,名在重耳已有数年,我若将他们召回,就是'父教子贰',又以何事君?"狐突没有遵从晋怀公的命令。即将赴死前,他说了一些警醒晋怀公的话:"刑之不滥为君之明、臣之愿,若滥用刑罚以逞私意,有谁能免罪呢?"于是晋怀公杀了狐突。从上述史实可以看出,委质、策名是入仕的礼仪,其用意在于示君以忠。狐突宁死不肯教子有二心,他认为不忠则无以事君。至于"委质而策死",应是古时习俗,随着社会变迁,此类风气既有保留也有变化。

秦穆公与奄息、仲行、鍼虎三位贤臣的事例倒与"许君以死"的风气有关。"《唐书·吐蕃列传》曰:'其君臣自为友,五六人曰共命。'秦穆公之于三良也,饮酒乐。公曰:生共此乐,死共此哀。三良许诺。公薨,遂皆自杀以殉。此所谓共命者也。可见古

---

1 许维遹:《吕氏春秋集释》,中华书局 2009 年版,第 262 页。

2 《春秋左传注》,第 402—403 页。

时中国之风俗，与四夷相类者颇多。"[1] 秦穆公与奄息、仲行、鍼虎三位贤臣饮酒时说："愿同生共死。"三人应允。秦穆公死后，他们信守承诺自杀殉葬。《诗经》记载此事时说："彼苍者天，歼我良人！"[2]

吕思勉认为，"许友以死"是古人的一类风气，这样的事情比较多，才会有《曲礼》讲的"不许友以死"[3]之事。就有关史料分析，委质策死的真正含义是，朋友们为了共同的志向终生奋斗、追随，并非为了报仇而不爱惜生命。"父母存，不许友以死"，当指父母在世，不做同生共死的承诺。

在"不许友以死"的注解中，学者多认为其含义为不可许友报仇。"亲存须供养，则孝子不可死也"[4]，许友报仇怨而死，则视为忘亲。至于亲亡可否为友报仇，我们暂时不探讨。关于"许友以死"，宋代程颐认为它的合理解释是患难相死，他说两人同行，途遇危难，固可相死。例如两人捕虎，一人力尽，另一人自当用力。又如执干戈、卫社稷，当朋友危急之时，要竭力救护。为养亲，出远门时需结伴同去，便有患难相死之道。程颐指出"父母存，不许友以死"之言，人们可以灵活掌握。"可许友以死，如二人同行之类是也。不可许友以死，如战国游侠，为亲不在，

1 《吕思勉读史札记》，第241—242页。

2 《诗经原始》，第275页。

3 4 《礼记集解》，第22页。

乃为人复仇。"[1]

《国语·晋语八》记载:"'三世事家,君之;再世以下,主之。'事君以死,事主以勤。"[2]由此看来,古时"事君以死"的事实确实存在,仅就《国语》中的记载分析,三世事家(大夫)以大夫为君,三世时间久、恩义极重,因而"事君以死"。三世"事君以死"的含义为终生事君,没有二心。三世事家能事君以死,根本原因在于恩情厚重。晋人豫让不顾性命为智伯报仇,也因智伯恩义深重。豫让说:"国士遇我,我故国士报之。"[3]豫让的故事有"委质"的记载,豫让曾事奉过范、中行氏,智伯灭此二人后,豫让又委质臣于智伯。智伯被灭后,豫让说"士为知己者死"[4],刺杀赵襄子未遂被释放后,又谋划再次行刺。这时朋友告诉他:"赵襄子惜才,何不委质臣事襄子以见机行刺?"豫让的回答给我们解释了"委质"的意义,他说"委质臣事人,而求杀之,是怀二心以事其君"[5],即按你说的办法去做,我将愧对天下后世。

"委质"的礼仪有示君以诚、不怀二心的含义。以史实为据,我们应将"许友以死"、委质策死与为君主、朋友报仇之事分别看待。严格来讲,"委质而策死"是在家门外与友人将共同的志向约定为彼此奋斗终生的事业,与委质事君有关,但委质也不必策死。

---

1 《二程集》,第 210 页。

2 《国语集解》,第 421—422 页。

3 4 5 《史记》,第 3060 页、第 3058 页、第 3059 页。

"委质而策死"与委质不策死，可能存在于不同的历史时期。而《礼记》中"不许友以死"表达的是，不希望人们与朋友为了一个同生共死的诺言而轻易放弃生命，《诗经·秦风·黄鸟》传递的感慨与此相通。程颐对"不许友以死"的理解则出现了偏差。清代赵翼的误解与程颐类似，同时他对"以躯借友报仇"之事持批评态度。

对于复仇一事，儒者多持否定意见。而对于复仇的情感，《礼记》记载说："父之仇弗与共戴天，兄弟之仇不反兵，交游之仇不同国。"[1] 可见此文的作者主张仇恨情感的适度宣泄，他认为交游之仇应做到不同国。《周礼》称："主友之仇眂从父兄弟。"[2] 在《礼记·檀弓》中，子夏问孔子："居父母之仇如之何？"夫子曰："寝苫枕干，不仕，弗与共天下也。遇诸市朝，不反兵而斗。"子夏接着问："居昆弟之仇如之何？"曰："仕弗与共国，衔君命而使，虽遇之不斗。"子夏又问："居从父、昆弟之仇如之何？"曰："不为魁，主人能，则执兵而陪其后。"[3] 就此我们可以把上述资料作一下对比分析：依照礼制，作者对恰当的复仇行为是予以承认的，但我们不得不说，古时的复仇与现代人的理念已相差较远。由于复仇使仇恨情得到了抒发与宣泄，虽时隔千年，却依然能够得到人们的同情与理解。父母之仇不共戴天，不共天下即不与

1 3　《礼记集解》，第 87 页、第 200 页。

2　《周礼正义》，第 1026 页。

仇人并生,交游之仇有不同国的规定,朋友之仇有不同市朝的说法,主友之仇则有类似"不为魁,主人能,则执兵而陪其后"的详细规范。由已知资料来看,复仇与委质策死并非同一类事情,将"许友以死"理解成朋友报仇是不合适的,假如作者的本意是不允许为朋友报仇,他完全可以写得更清楚一些,如同记父母之仇、朋友之仇那样。

古代士人十分看重朋友间的情义,羊角哀与左伯桃的交友显然有患难相死之道。左伯桃在困厄中为朋友牺牲的精神诠释了患难相助的朋友之道,有人曾赋诗:"寒来雪三尺,人去途千里。长途苦雪寒,何况囊无米?并粮一人生,同行两人死;两死诚何益?一生尚有恃。贤哉左伯桃!陨命成人美。"[1] 春秋时期,羊角哀与左伯桃为朋友,两人听说楚元王能够礼贤下士,就相约一起去投奔。没想到途中遇上雨雪天气,行走十分困难,耽搁的日子一多粮食就不够了。左伯桃对羊角哀说:"天气不好,粮食也不够了,我们一同前往,可能都会饿死,到那时连个收尸骨的人都没有了。你比我更有才干,再这样下去,恐怕只会连累你。"左伯桃说完他的心意,就自杀了。羊角哀忍着悲痛,继续赶往楚国。后来,羊角哀不仅安全地抵达了楚国,还被楚元王授予了官职。在实现与友人共同的抱负后,心愿已了的羊角哀决定为朋友殉难,随后他在羊角哀离世的地方也自尽了。我们不清楚羊角哀

---

1 (明)冯梦龙:《喻世明言》,岳麓书局 2019 年版,第 77 页。

有没有"许友以死"，至少羊角哀不欲独生的情感足以打动我们的内心。

《吕氏春秋》记载了北郭骚与晏子的故事，这个故事载于《士节》，文中说："士之为人，当理不避其难，临患忘利，遗生行义，视死如归。"齐人北郭骚就具有此等气节。北郭骚家里非常贫穷，平日里他以织兽网、捆扎蒲苇、编麻鞋等谋生并奉养母亲，可是通过辛勤劳动赚来的钱依旧不足以维持生活，在不得已的情况下，他求见晏子，希望能讨些粮食以赡养母亲。晏子的仆人告诉晏子："北郭骚是一位贤者，今天他向您乞讨粮食，是由于悦服您的道义。"晏子听后，连忙派人取出一些粮食与府金赠与北郭骚，而北郭骚只收下了粮食。过了一段时间，晏子因受到齐国国君猜疑准备出奔，路过北郭骚的家门时，晏子向北郭骚辞行。晏子走后，北郭骚叫来他的朋友，对他说："以前我听说过这样一句话，'养及亲者，身伉其难'，如今晏子遭到国君猜疑，我准备以死来告诚齐王。"北郭骚自刎时说："晏子是天下少有的贤能之士，他若离开齐国，齐国领土必定受到侵犯，与其看到国家遭受侵犯，不如先死。"齐王听说这件事后，大为震惊，于是他亲自将晏子追回。北郭骚用生命为晏子申辩猜疑、以死谏齐王的故事，表现了他为晏子殉难的友情，也充分体现了"士"的"义"节。

《白虎通·谏诤》称："朋友之道有四焉，通财不在其中。近则正之，远则称之，乐则思之，患则死之。"¹ 朋友应互相责善、彼此仰慕、荣辱与共。栾布不畏强权为亡友彭越收尸的事迹令人折服。栾布贫困时，与彭越已经是好友了。燕王臧荼谋反时，作为燕将的栾布被汉军俘虏，已是梁王的彭越替栾布说情，让他做了梁国的大夫。后来彭越因谋反罪被杀，刘邦命人将彭越的头颅悬挂于洛阳城门外示众，并诏告天下："收尸或前来看望的人，一律逮捕。"栾布从齐国回来后，不顾生命安危，立即来到彭越头下，边祭祀边失声痛哭，因此被官府抓捕。刘邦召见栾布，破口大骂："你准备与彭越一起谋反吗？我命令任何人不准为他收尸，而你偏偏要祭祀，还要为他痛哭，你与彭越一同造反的罪状已经很明显了，赶快送去煮了。"赴刑之前，栾布说："希望我说完一句话再死。"刘邦问："说什么？"栾布说："当年皇上困于彭城时，多亏了彭王，项羽不能顺利西进。垓下之战，若无彭王相助，项羽也不会灭亡。您到梁国征调军队，彭王因病不能随行，您就杀了他并灭了三族，如此下去，我担心有功之臣人人都会自危了。彭王已死，我也生不如死，请把我煮了吧。"刘邦听后，竟赦免了栾布的罪名，并拜他为都尉。栾布为好友悼念的胆识与勇气，令人佩服与惊叹，司马迁说："栾布哭彭越，趣汤如归者，彼诚知所处，不自重其死。虽往古烈士，何以加哉！"

---

1 《白虎通疏证》，第241页。

　　窦婴与灌夫曾有一段感人的故事。窦婴是西汉孝文皇后堂兄的儿子，因平定叛乱有功，被封为魏其侯，一时门客众多。后来他与窦太后政见不合，不受重视，趋炎附势之人纷纷离他而去，而灌夫依旧敬他如初。灌夫性格刚直，对达官贵人从不阿谀奉承，对待百姓却礼遇有加。有一次在酒宴上，灌夫得罪了田蚡，被逮捕入狱。灌夫被捕时，患难之交窦婴说："终不令灌仲孺独死，婴独生。"[1] 遂竭尽全力营救灌夫，不幸的是，自己也获罪，两人均遇害。

　　余英时先生指出晚明社会有一特色，出现了大量"儒而侠"的人物。颜钧与朋友的交往可谓侠义之举，"山农游侠，好急人之难。赵大洲赴贬所，山农偕之行，大洲感之次骨。波石战没沅江府，山农寻其骸骨归葬。颇欲有为于世，以寄民胞物与之志"[2]。颜钧入狱后，他的学生罗近溪为了营救他"尽鬻田产""不赴廷试"，待颜钧出狱后，亲身侍奉左右。虽然有人斥责颜钧、何心隐借讲学而为豪侠之举，何心隐却对"侠"另有看法，他说："战国诸公之意之气，相与以成侠者也，其所落也小。孔门师弟之意之气，相与以成道者也，其所落也大。"[3] 这段话清楚地表明了何心隐对孔门师弟之意气的仰慕，因而何心隐志在求道便不论自明了。

1　《史记》，第3448页。

2　容肇祖：《容肇祖集》，齐鲁书社1989年版，第379页。

3　容肇祖整理：《何心隐集》，中华书局1960年版，第54页。

古代朋友关系的另一特征即在儒者的生活中,"同悦而交,以德者"与"尚友"(与古圣贤为友)的理想是他们不约而同的精神追求。"同悦而交,以德者"是《郭店楚简》提出的交友之道,在交往中,子思之儒看重的是朋友的德行,因品德高尚而实现彼此同心而悦,才是交友的真境界。钱穆先生曾说:"日常相交非友道。"[1] 依他的说法,士人的友道因德而交、以道相辅。难怪今人相交满天下,却终无一友。"德"在《郭店楚简》的思想中地位很高,"德,天道也"[2],"德之行五,和谓之德"[3],仁、义、礼、智、信构成了德的内涵。以德交往是《郭店楚简》对交友的至高期许,以德交即以天道交。"德"与"悦"有着内在关联,无"悦"必无"德","无中心〔之悦则〕不安,不安则不乐,不乐则无德"[4]。

孟子承继了《郭店楚简》"同悦而交,以德者"的思想,提出了"友其德"的主张,"友其德"是交友的前提和基础,德行是交友的本质,交友的目的在于弘道。

鲍叔牙与管仲之间的交往可以称得上"善"交了。在《史记》中,司马迁详细记载了他们的交往事迹。管仲曾说:"生我者父母,知我者鲍子也。"年少时管仲就与鲍叔牙结识了,管仲与鲍叔牙一同经商时,管仲常常分得的钱财多,而鲍叔牙不认为管仲贪财,因为他知道管仲家里比较贫困。管仲为好友出谋划策,结果

---

1 钱穆:《晚学盲言》,生活·读书·新知三联书店 2010 年版,第 365 页。

2 3 4 《郭店楚简校释》,第 69 页。

却导致鲍叔牙的处境更加窘迫，鲍叔牙也没有责怪管仲愚蠢，因为鲍叔牙明白时运有利与不利之分。管仲多次做官又多次遭到国君驱逐，鲍叔牙却没有怀疑过管仲的贤能，他知道管仲没有遇上好的时机。当管仲多次参战又多次逃脱时，鲍叔牙并不认为管仲胆怯，他明白管仲有母亲需要奉养。公子纠战败后，召忽殉难，管仲遭到囚禁，但鲍叔牙不认为管仲无耻，他知道管仲不以小节为耻而耻于功名不显于天下。在人世上，管仲因有鲍叔牙这样的知己而感到喜悦。

后来，鲍叔牙向齐桓公举荐了管仲，并甘心位列管仲之下，管仲则帮助齐桓公一匡天下，成就了霸业。司马迁评价说："天下不多管仲之贤而多鲍叔能知人也。"作为好友，鲍叔牙深知管仲的贤能，他不但不因一己私利与世俗的看法而遗弃朋友，反而不遗余力地举荐好友，舍小我，逐大义，以德相交的朋友才称得上真正的知音。

宋代朱熹交友较广，他与陈亮、叶适、辛弃疾、吕祖谦、张栻等人的交往事迹更是传为一代佳话。朱熹是陈亮的辩友，他们虽然在学问上有较大争论，但彼此仍保持良好的友谊，这是因为"责善，朋友之道也"。真正的朋友在治学等方面是可以相互批评的，却不会因此疏远彼此的友情。陈亮称朱熹为人中之龙，两人书信往来频繁，讨论了有关学术、土地、地方官员等各类问题。

"友"的含义经历了一个漫长的演变过程才过渡到当代的意义上来，朋友是人际关系的重要组成部分，是儒家五伦之一。随着城市化进程和物质生产的发展，更多的人远离家乡来到陌生的城市中，如今人与人之间的交往已面临极大的挑战。纵观历史，面对儒家的交友思想与以往的交友事迹，我们所要思考的问题是：古人的交友思想能否为今日众人的交友行为作指导？哪些精神有益于朋友间的交往？我们又如何选择朋友，怎样与朋友相处呢？带着上述问题，我们先从孔子的"友"观念谈起。

第二章

儒家“友”观念的发生

第一节 “以友辅仁”:《论语》中的“友”观念

孔子的“友”观念奠定了儒家朋友一伦的基本内涵,“友直、友谅、友多闻”等是朋友的道德品格,“切切偲偲”“言而有信”是朋友间的相处规范,“以友辅仁”则是友朋之道的归宿。孔子的“友”观念对后世儒家友朋观的形成影响深远,《郭店楚简》“君子之友也有向,其恶有方”与孟子“友其德”的主张继承并发展了孔子的相关思想。

《论语》一书有不少富有开创性的思想,其中士的精神影响了后代士阶层精神品格的塑造,“以友辅仁”则奠定了中国传统文化中朋友一伦的基本内涵,朋友切磋互益,使彼此渐入仁道。“仁”为孔子学说的核心思想。孟子说:“仁也者,人也。合而言之,道也。”[1]“以友辅仁”,则此处的“友”便不寻常,它定有优良的品性

---

1 《孟子正义》,第 977 页。

与"仁"相衬。

我每读一次《论语》，便对孔子的学说多了一些了解，现今时隔孔子所处的时代已有两千余年，物质世界变化较大，人性变化却极少。孔子对人性、人际关系参悟良多，因而其论述被人们奉为至道。"欲仁，斯仁至"[1]强调了我的主体性和求仁的志向，禅宗讲"心即佛""自性""自悟""莫向外求"，强调的也是人的主观领悟，禅宗既希望人们乐观地投身于现实生活，又教人脱离死生悲痛。孔子之学与禅宗的共通之处就在于，它们借助人自身的力量去解决现实问题。禅宗的"无所住而生其心"与《论语》"子绝四：毋意，毋必，毋固，毋我"[2]弃绝私欲以得道的追求有些相仿，但根本上还是不同的，关于孔子之学与禅宗的不同之处，二程有所论述。提到"毋意必"时，陆澄问王阳明："孔子的弟子谈志向，子路、冉求想从政，公西赤想从事礼乐，多少实用些。唯曾皙所说像是玩耍之类的事，孔子却赞许他，为什么呢？"王阳明说，"三子是有意必，有意必便偏着一边"[3]，曾点无意必，无意必的人便"无入而不自得"，有"不器"意。子路、冉求、公西赤的说法皆有不足，多少含了些固执。曾点游玩的愿望纯朴，最符合无所依赖的"诚"，并且他在孔子面前实现了"悦"的自然情感，在人际交往中这种状态是很难得的。

---

1 2 《论语集释》，第 495 页、第 573 页。

3 （明）王守仁原著，（明）施邦曜辑评：《阳明先生集要》，中华书局 2008 年版，第 50 页。

孔子学说涉及了"仁""礼"的问题，因而孔子对交友的看法不同于西方（如亚里士多德）的"友爱"论。"泛爱众而亲仁"[1]这句话给人较大的启示，"泛爱众"谈到了对待众人的态度，它是实现"仁"的阶梯。司马牛忧虑地说："人人都有兄弟，唯独我失去了。"子夏说："君子敬而无失，待人恭而有礼，四海之内皆兄弟。"子夏的对答恰当地诠释了儒者处世的态度。孔子的交友之道关联了诸多内容。在交友问题上，孔子提出了一些中肯的意见。《论语》通篇都在讲人事，"未能事人，焉能事鬼"[2]，无论谈"仁"，还是论"礼"，都在说一个共同的主题：人与人如何更好地相处。

《论语》一书对朋友多有论述，有学者分析："'友'出现的次数最多，有27次；'朋'次之，有9次；'朋友'连用有8次。"[3]孔门弟子之间互称"友"，如子游讲，"吾友张也"，"友"指朋友子张。在《论语》中，"友"有时也作"帮助"讲。《论语》中的"朋友"有时与"士有朋友"中的"朋友"含义相同，但不影响我们对孔子友朋观的理解。"朋友之馈，虽车马，非祭肉，不拜"[4]，可见古时朋友有通财之义。《白虎通》记载："朋友之际，五常之道，有通财之义，振穷救急之意，中心好之，欲饮食之，故财币者，所以副至意焉。《礼士相见经》曰：'上大夫相见以雁，士冬

---

1 2 4 《论语集释》，第27页、第760页、第722页。

3 候步云：《论孔子的交友之道》，《西北大学学报（哲学社会科学版）》2008年第3期。

以雉，夏以脉。'"[1] 在《论语》中，孔子说："朋友死，无所归，
曰：'于我殡。'"[2] 这看似普通的行为却体现出孔子对朋友的"仁
至而义尽"。

以《论语》中"有朋自远方来，不亦乐乎"为例，毛奇龄曰：
"同门曰朋。"[3] 他认为"朋"可能是同在某贵族门下或同一师门
的人。朱熹注："朋，同类也。自远方来，则近者可知。程子曰：
'以善及人，而信从者众，故可乐。'"[4] 朱熹将"朋"注解为"同
类"，他也认为"以善及人"是"信从者众"的原因之一。清代刘
宝楠解释说："弟子至自远方，即'有朋自远方来'也。'朋'即
指弟子。"[5] 杨伯峻以"志同道合的人"解释"朋"。钱穆与朱熹、
杨伯峻的注解类似："朋，同类也。志同道合者，知慕于我，自远
来也。"[6] 无论从考据入手，还是着眼于义理，因"朋"指示的人
群与孔子有交流的共通点，故精神"可乐"。

一、"益者三友，损者三友"

先看朋友的品格，"益者三友，损者三友"里的"友"为
"辅助"义，我们把"直""谅""多闻"理解为益友的标准也是

---

1 《白虎通疏证》，第 358 页。

2 3 《论语集释》，第 721 页、第 6 页。

4 （宋）朱熹：《四书章句集注》，中华书局 2016 年版，第 47 页。

5 （清）刘宝楠：《论语正义》，中华书局 1990 年版，第 4 页。

6 钱穆：《论语新解》，生活·读书·新知三联书店 2005 年版，第 4 页。

合适的。直，正直；谅，"信"，即守信；多闻，见闻广博。孔子说有三类品质对人有帮助，有三类品行则于人有损。有益的三类品质分别为：直、谅、多闻；有害的三类品行是便辟、善柔、便佞。

（一）"直"

"直"在《论语》中有多处论述，一共出现 22 次，多有正直之意。《论语》中有最具初始义的"人之生也直"[1]，有表达人格品质的"质直"，也有处世意义的"以直报怨"和"直道而事人"。"直"反映了人性的本质特征，冯友兰称："孔子注重人之有真性情，恶虚伪，尚质直；故《论语》中屡言直。"[2]

包含真实、直率、坦诚品格的"直"，是"仁"的基本要求，也是儒家提倡的德性之一。"直者，诚也。诚者内不自以欺，外不以欺人。中庸云：'天地之道，可一言而尽也。其为物不二，则其生物不测。'不二者，诚也，即直也。天地以至诚生物，故《系辞传》言乾之大生，静专动直。专直皆诚也。不诚则无物，故诚为生物之本。人能存诚，则行主忠信，而天且助顺，人且助信，故能生也。若夫罔者，专务自欺以欺人，所谓自作孽不可活者。非有上罚，必有天殃，其能免此者幸尔。"[3]刘氏正义将"直"解释为"诚"，友"直"即是友"诚"。《郭店楚简》称"凡

1 3　《论语集释》，第 401 页、第 403 页。
2　冯友兰：《中国哲学史》，古吴轩出版社 2021 年版，第 45 页。

人伪为可恶"[1]，虚伪会贪吝，贪吝会算计，算计之人就不要与之交往了。

"直"与"诚"是孔子看重的"益友"的特征。孔子回答子张"达"义时说："质直而好义，察言而观色，虑以下人。"[2]与之相反的"闻"则"色取仁而行违，居之不疑"[3]，邦家有闻的人"巧言令色足恭""鲜矣仁"。孔子赞许三代"直道而行"，反对便辟、善柔、便佞的恶行，他说我若对人有所赞誉，一定是见证了他的作为，不随便毁誉别人。

此外，"直"还有哪些表现呢？《礼记》记载君子"于有丧者之侧，不能赙焉，则不问其所费；于有病者之侧，不能馈焉，则不问其所欲；有客不能馆，则不问其所舍"[4]。君子诚以待人，不以巧言与人交接。

"直""谅""多闻"等优秀品质是"贤友"所具备的。孔子很看重友之"贤"，他提到的"益者三乐"就包括了"乐多贤友"，因而我们就不难理解"有朋自远方来，不亦乐乎"这句话的深意了。朋友相互切磋，"见贤思齐"，学问、德行从中得以进步和提高。

1　李零：《郭店楚简校读记》，中国人民大学出版社 2007 年版，第 138 页。

2 3　《论语集释》，第 868 页、第 869 页。

4　《礼记集解》，第 1316 页。

（二）"多闻"

"多闻"、择其善从之，是孔子认为的一等"知"。多见而识，是"知之次"，多闻、明察、慎言有助于避免过失，是出仕的行为方法。"多闻阙疑，慎言其余，则寡尤；多见阙殆，慎行其余，则寡悔。"[1]"多闻"包括向古人的思想学习，孔子"信而好古"，"我非生而知之者，好古"[2]，"好古"与孟子"尚友"的思想一致。《万章》曰："以友天下之善士为未足，又尚论古之人，颂其诗，读其书，不知其人可乎？是以论其世也。是尚友也。"[3]"尚"通"上"，在孟子看来，"尚友"即与古圣贤为友。

当然仅"多闻"并不够，还需博学、审问、慎思、明辨，子贡问"贫而无谄，富而无骄"时，孔子给出了"未若贫而乐，富而好礼"[4]的答案，接着子贡说"如切如磋，如琢如磨"，孔子赞许他说："赐也，始可与言诗已矣，告诸往而知来者。"[5]"如切如磋，如琢如磨"正是治学的正确态度，学者必须不拘泥于已得、已知，应"告诸往而知来者"，避免"学而不思则罔"。虽然子贡比较用功，但还是不及颜回，连孔子也说自己不如颜回。王阳明说："子贡多学而识，在闻见上用功，颜子在心地上用功。"[6]因而子贡"闻一以知二"，而颜回"闻一以知十"。

————————

1 2 4 5 《论语集释》，第 115 页、第 480 页、第 54 页、第 56 页。

3 《孟子正义》，第 726 页。

6 《阳明先生集要》，第 84 页。

（三）"无友不如己"

孔子说"无友不如己者"[1]，"如"即"似"，这句话在讲不要和不似己的人交友。朋友是志同道合之人，而孔子认可的志同道合的人是"就有道而正"[2]者，他说"道不同，不相为谋"[3]。《郭店楚简》主张"君子之友也有向""同悦而交，以德者"[4]，更是充分证实了《论语》的交友之道，朋友间的"同悦"是"理义之悦我心"的"悦"，不是随意与一个路人交往所能达到的，因而孔子说，颜回"于吾言无所不说"[5]。

"无友不如己"，简单的五个字，引来了众多学者的围观和辨析，若一句经典的含义不容易把握，我们不妨尝试从它所处的文本或相近时代思想家的论述中找到佐证。《论语》记载："樊迟请学稼。子曰：'吾不如老农。'请学为圃。曰：'吾不如老圃。'"[6]芸芸众生，职业不同，各有所专，孔子"志于学"的学问在于人道。孔子之学多论人之情性。孔子并不擅长稼、圃之学，因而他希望樊迟求教于懂得此业的人。子夏说："虽小道，必有可观者焉；致远恐泥。"[7]小道恐不能致远，因而君子不为。只有理解了"如"的字义，"无友不如己"的含义才算真正了解。择友如择师，君子要与以"道"为追求的贤德之人交往，学问才能日见精进。

---

1 2 3 5 6 7 《论语集释》，第34页、第52页、第1126页、第746页、第896页、第1307页。

4 《郭店楚简校释》，第91页。

恕道在交友中也起到了积极作用，孔子指出了具体的实践方法。他说，我希望朋友怎样对我，我就先那样对待朋友，努力实践日常的德行，尽力谨慎平时的言语，做到言行一致。人们需在交往中"反求诸己"，知己然后知人。

由于"诚者，君子之所守""独行而不舍"，故"君子和而不同"[1]"周而不比""易事而难说"[2]。士的精神决定了友的取舍，理解了士的品格，也就明白了儒家的友朋之道和志士仁人的交友事迹。似是孔子奠定了"士"的基本品格，如"士志于道""士而怀居，不足以为士""行己有耻，使于四方，不辱君命""志士仁人，无求生以害仁，有杀身以成仁""知有不该求生时，自知有不避杀身时。杀身成仁，亦不惜死枉生"[3]，也有关于自身修养的，如"言忠信，行笃敬""不怨天，不尤人""躬自厚而薄责于人"。

颜渊问为邦，孔子说"放郑声，远佞人"，郑声淫乱，佞人危险，因而需远离。孔子说臧文仲似偷窃官位的人，私心独据，"知柳下惠之贤而不与立"，这样的人也是孔子厌恶的。君子有恶，"恶称人之恶者，恶居下流而讪上者……恶讦以为直者"[4]。《郭店楚简》记载："唯君子能好其匹，小人岂能好其匹。故君子之友也有向，其恶有方。此以迩者不惑，而远者不疑。《诗》云：'君子

---

1 2 4 《论语集释》，第935页、第937页、第1242—1243页。

3 《论语新解》，第402—403页。

好述。'"[1] "匹"的含义为同道朋友,孔子说只有君子能喜欢他的朋友,所以君子同谁交友是有准则的,厌恶谁也是有道理的。君子不与小人交往,王良说"我不贯与小人乘""羞与射者比"。迎合小人的心意,无疑"枉道而从"。

子曰:"巧言、令色、足恭,左丘明耻之,丘亦耻之。匿怨而友其人,左丘明耻之,丘亦耻之。"[2] 花言巧语、伪善的容貌、十足的恭顺,孔子认为是可耻的。"便辟""善柔""便佞"的朋友同"巧言、令色、足恭"的人,都是"鲜仁"之人,不是孔子认可的交往对象。内心隐藏对他人的怨恨,表面上却与人友好,是非常可耻的。子曰:"巧言令色,鲜矣仁!"[3] 孔子希望弟子远离"巧言令色"的一类人,因为他们不是志士仁人,郑声可乱雅乐,与他们交往是有害的,巧言足以乱德,利口足以倾覆国家。孔子说:"乡愿,德之贼也。"乡愿是什么样的人呢?孟子说:"阉然媚于世也者……非之无举也,刺之无刺也,同乎流俗,合乎污世,居之似忠信,行之似廉洁,众皆悦之,自以为是,而不可与入尧舜之道。"[4] 此人八面玲珑、四处讨巧,看似近于中道,却是媚世附和、不分是非。"枉道而事人"[5] 无以立,孔子最厌恶这类巧言令色的人。

---

1 《郭店楚简校释》,第51页。

2 3 5 《论语集释》,第348页、第16页、第1254页。

4 《孟子正义》,第1029—1031页。

柳下惠"直道而事人"[1]，因而孔子称赞他。"不得中行而与之，必也狂狷"[2]，狂者进取，狷者有所不为，而乡愿即不得中道，又毫无原则，实属乱朱之紫，遭人唾弃，与其得到众人喜好，不如乡人之善者好之，不善者恶之。孟子与戴不胜曾有一段对话，孟子说："在于王所者，长幼尊卑皆薛居州也，王谁与为不善？"[3]无论君主还是志士仁人，身处的人群对其道德的持养会产生潜移默化的影响，因而交友不可不慎。

子夏门人曾问"交"于子张。子张曰："子夏云何？"对曰："子夏曰：'可者与之，其不可者拒之。'"子张曰："异乎吾所闻。君子尊贤而容众，嘉善而矜不能。我之大贤与，于人何所不容？我之不贤与，人将拒我，如之何其拒人也？"[4]

子夏的学生向子张询问怎样交朋友。子张问："子夏是怎么说的？"子夏的学生答道："子夏说：'可以交往的就和他交朋友，不可以交往的就拒绝他。'"子张说："我所听到的与这些不一样：君子既尊重贤人，也能容纳众人；可以赞美善人，也能同情能力不够的人。如果我是贤良的人，我对别人有什么不能容纳的呢？如果我不贤良，人家自然会拒绝我，又怎能谈拒绝人家呢？"

听到这样的答复，孰是孰非，何去何从，子夏的学生糊涂

---

1 2 4 《论语集释》，第 1254 页、第 931 页、第 1302 页。

3 《孟子正义》，第 439 页。

了，不得已只好再向老师求教。子夏回答说："交友虽然只是小道，但益友可以辅仁，能帮助自身成就功业，如管鲍之交，其事迹大为可观。滥交则无益，以后只怕受其牵连，犹如掉落泥潭而难以自拔。所以君子当慎其所始，见微知著，是不应该泛滥交往的。"

有位同学听说了这件事，发表评论说："我听夫子说，交友确实是有损益的，'益者三友，损者三友。友直，友谅，友多闻，益矣。友便辟，友善柔，友便佞，损矣。'交友应该是有选择的。我又听夫子说，做人应该以忠信为主，不可与不忠不信之人为友。所以交友应该是慎重的。"

子游听说了此事，发表议论说："我朋友子张的学问，可以说是非常难得了，然而他还没有达到'仁'的境界。"曾子听说了这件事，也发表评论说："子张的言论确实堂堂正正，但是难以与他共同达到'仁'啊。"

在这里，子张以"君子"为例，认为君子的品格是能"容众"的，也就是说"君子"交往的范围比较宽泛，既与贤人交友，也和普通人交往。子张的交友之道可以说是"攻乎两端"，不是说"大贤"，就是说"不贤"，而没有提到处于大贤与不贤中间的平常人。平常之人是"近朱者赤，近墨者黑"。易受益友之益，也易受损友之损。所以对于平常人，交友不能不慎。

谈到这句话时，蔡邕在《正交论》中解释说："子夏之门人问交于子张，而二子各有所闻乎夫子。然则其以交诲也，商也宽，故告之以距人；师也褊，故告之以容众。各从其行而矫之。"[1] 蔡邕的注释关注的是孔子教学的变通性，即针对不同性格的弟子采取不同的教诲。实际上，子张谈论的君子已是"明君子"了，近于圣人。"于人何所不容？""昔者舜之治天下也，不以事诏而万物成。"[2] 圣人胸怀宽广，"养一之微，荣矣而未知"[3]。

在《论语·颜渊》篇中，子张向孔子问"明"，孔子说："浸润之谮，肤受之诉，不行焉，可谓明。"[4]"心犹镜也。圣人心如明镜，常人心如昏镜。"[5] 心如明镜，则毁人之语、诉冤之言，不为所动，只待己察，便是"明"了。《荀子》中有这样的记载，子路入，子曰："由，知者若何？仁者若何？"子路对曰："知者使人知己，仁者使人爱己。"子曰："可谓士矣。"子贡入，子曰："赐，知者若何？仁者若何？"子贡对曰："知者知人，仁者爱人。"子曰："可谓士君子矣。"颜渊入，子曰："回，知者若何？仁者若何？"颜渊对曰："知者自知，仁者自爱。"[6] 荀子把子路、子贡、颜回分别归为士、士君子和明君子，他们的

---

1 4 《论语集释》，第1303页、第833页。

2 3 《荀子集解》，第472页。

5 《阳明先生集要》，第61页。

6 《荀子集解》，第629页。

知仁观不同，对友的看法也不同。孔子说："不患人之不己知，患不知人也。"[1] 他希望人们尽可能地去了解别人，这也是他坚持提倡的恕道，做到践行忠恕的人可谓士君子了，但"知己所以知人"，"窃反诸己而可以知人"[2]，因而明君子更了解他人的情性。

《说苑·杂言》记载，子夏喜好同比自己贤能的人交朋友，而子贡喜欢与不如自己的人来往，难怪孔子谈"为仁"时，对子贡讲"事其大夫之贤者，友其士之仁者"[3]。"好与贤己者处"是子夏为人的特点之一，与比自己贤能的人交朋友，在无形中可以提升自己，孔子预计子夏会不断进步的原因就在于此。孔子认为子贱可称得上君子了，"鲁无君子者，斯焉取斯"，君子身边必有贤者，才能"择其善者而从之"。

二、"切切偲偲"与"言而有信"

具备了直、谅、多闻等品质的朋友在实际交往中应做些什么呢？《论语》论朋友，有时与"君""兄弟"同举，例如："事君数，斯辱矣。朋友数，斯疏矣"[4]，"朋友切切偲偲，兄弟怡怡"。"君""朋友"放在一起讲，可见此两伦较为接近，"古称此两伦

1 3 4 《论语集释》，第58页、第1075页、第281页。
2 《郭店楚简校读记》，第158页。

以人合"[1]，对待朋友与事君有相似之处，就在于这两类人际关系的联结比较疏松，且以"道"相合。《郭店楚简》开门见山地提出"友，君臣之道"，将此两伦最终关联到了一处。

（一）"责善"与"不可则止"

与朋友交往要有度，处事不可过于琐屑，见朋友有过错，规劝太多只会彼此疏远。为了更加亲近朋友，屡次夸耀自己的功劳和长处也是不合适的。"处朋友务相下，则得益，相上则损。"[2]子贡问"友"于孔子，子曰："忠告而善道之，不可则止，毋自辱焉。"[3]事君也是一样，子曰："所谓大臣者，以道事君，不可则止。"[4]兄弟与朋友不同，把"朋友"与"兄弟"放在一起讨论可更好地突出各自的特征。子路问"士"于孔子，子曰："切切偲偲，怡怡如也，可谓士矣。朋友切切偲偲，兄弟怡怡。"[5]孔子认为朋友应互相批评，兄弟之间应和顺相处。朋友以义处，既需相互责善，又要把持有度，"不可则止"；兄弟以恩处，需彼此亲爱、和睦。此即处朋友以切磋，处兄弟以和悦。

孔门弟子虽在同一师门，观点却并不一致，即使有争辩，也不影响同门的友谊，他们正是"朋友切切偲偲"的典型。身为吴国人的子游，在孔子周游列国期间拜孔子为师。子夏是卫国人，

1　《论语新解》，第 107 页。

2　《阳明先生集要》，第 46 页。

3 4 5　《论语集释》，第 877 页、第 792 页、第 941 页。

与子游年纪相仿,他们的才能难分伯仲,有争辩也是在所难免。一天,子游批评子夏说:"子夏之门人小子,当洒扫应对进退,则可矣,抑末也。本之则无,如之何?"子夏反驳说:"言游过矣!君子之道,孰先传焉?孰后倦焉?譬诸草木,区以别矣。君子之道,焉可诬也?有始有卒者,其惟圣人乎!"[1]

有一天,子游说:"子夏的学生们,做一些洒水扫地、迎送宾客和应对进退的事情是可以的,但毕竟是些细枝末节。一些根本的东西没有学到,怎么行呢?"子夏反驳说:"唉!子游说错了。君子的学术,哪一项先传授,哪一项最后讲呢?君子之道犹如草木,是区分为各种各类的。君子之道怎么可以歪曲呢?能做到按次序、有始有终地教授弟子们,恐怕只有圣人吧!"可见,子游与子夏在教育弟子方面是有分歧的,子夏这个人比较保守,性格较内向,所以他主张从小事做起,循序渐进。而子游是个不拘小节的人,自然对只做些礼节小事的行为持批评的态度。子游和曾子在丧礼的认识上也有分歧,曾子在丧礼方面主张认真细致地对待,而子游认为,丧葬的仪式能表现适当的悲哀就足够了,不必过于讲求琐碎的仪式。

(二)"朋友信之"

孔子谈到自己的志向时说,愿"朋友信之",可见"信"在朋

---

1 《论语集释》,第 1319—1320 页。

友交往中非常重要。曾子也特别看重"信"的修养，把它作为每日克己省察的内容之一。他说："吾日三省吾身：为人谋而不忠乎？与朋友交而不信乎？传不习乎？"[1]

首先，"信"是交友的原则。"信"字在《论语》中出现了38次，"信"即守信，说出的话真实无妄，能够做到人己不欺，言行一致。孔子提出做人要"主忠信"，他要求学生"入则孝，出则悌，谨而信，泛爱众而亲仁"[2]，他期望通过孝、悌、信等德性品质逐渐接近"仁"的境界。对古人"言之不出，耻躬之不逮"的重"信"作风，孔子十分重视。"人而无信，不知其可"[3]，无"信"约束的人，如同"无輗"的车一样。

"获乎上有道：不信乎朋友，不获乎上矣。信乎朋友有道：不顺乎亲，不信乎朋友矣。"[4]《中庸》将"朋友之交"作为"天下之达道"的内容，认为"信乎朋友"才能"获乎上"，才可治民，而做到使朋友信任，必先孝顺父母、友爱兄弟。孟子也提"朋友有信"。《大学》里讲："为人君，止于仁；为人臣，止于敬；为人子，止于孝；为人父，止于慈；与国人交，止于信。"[5]可见"信"是先秦儒家论述朋友之道的共同准则。

《吕氏春秋》说："交友不信，则离散郁怨，不能相亲。"[6]历

---

1 2 3 《论语集释》，第18页、第27页、第126页。

4 5 《四书章句集注》，第31页、第5页。

6 《吕氏春秋集释》，第536页。

史上以信交友的事例俯拾皆是，如《后汉书·独行列传》记载了范式守信的故事。范式与汝南人张劭是好朋友，两人曾一同在太学读书。后来范式需离开太学回到自己的家乡，临走时他对张劭说："后二年当还，将过拜尊亲，见孺子焉。""乃共克期日。后期方至，元伯具以白母，请设馔以候之。母曰：'二年之别，千里结言，尔何相信之审邪？'"张劭说："巨卿信士，必不乖违。"张劭的母亲说："若然，当为尔酿酒。"[1]范式对张劭这样说："两年后我一定回来，届时我将到你家拜访你的父母，见一见你的孩子。"于是他们一起约定了日期。当约好的日期临近时，张劭把这件事告诉了他的母亲，恳请他的母亲准备酒菜招待范式。母亲问："两年前离别、千里之外约定的话，你就那么相信他来拜访的诚意吗？"张劭回答说："范式是一个讲信用的人，他一定不会食言的。"母亲说："如果真是这样，我就为你酿酒准备。"到了约好的那天，范式"果到，升堂拜饮，尽欢而别"。这件事发生在东汉初年，可见东汉之士极重承诺。范式以"山阳死友"闻名于当时，奉行"厚施而薄望"，受到士人们的称赞。

　　孟子非常重视"朋友有信"，他认为对朋友言而有信是得到君主信任的前提。"悦亲"才能"信于友"，"信于友"才能"获于上"。孟子曰："获于上有道，不信于友，弗获于上矣。信于友有

1　（宋）范晔撰，（唐）李贤等注：《后汉书》，中华书局1965年版，第2677页。

道，事亲弗悦，弗信于友矣。"[1]《中庸》里讲："获乎上有道：不信乎朋友，不获乎上矣。信乎朋友有道：不顺乎亲，不信乎朋友矣。"[2]同样认为使朋友信任的前提是孝顺父母。

其次，"言而有信"是为学的内容之一。"与朋友交，言而有信。虽曰未学，吾必谓之学矣。"[3]从子夏为学的态度，可见《论语》主张的为学是知行合一的。子夏的为学还包括"贤贤易色；事父母，能竭其力；事君，能致其身"[4]。孔子的"好学"包括"食无求饱，居无求安，敏于事而慎于言"[5]，上述的举止渗透着对人世的清醒认识，做到了"就有道而正"，真实地践行了知行合一，能够坚持这样做的人才是真正的好学者。"颜回者好学，不迁怒，不贰过"[6]，从这句话可以看出"好学"的内容还包括"不迁怒，不贰过"。颜回的好学境界已非常高，他"退而省其私，亦足以发"，"不迁怒"已经做到了"毋意，毋必，毋固，毋我"，"不贰过"也符合"改之为贵"的行为精神。

孔子说君子"主忠信"[7]，"忠"也是对亲的态度，"孝慈，则忠"[8]，"信"则是与朋友相处的规范。孝慈二字虽简易，但它

1 《孟子正义》，第508页。

2 《四书章句集注》，第31页。

3 4 《论语集释》，第30页。

5 《论语集释》，第52页。

6 《论语集释》，第365页。

7 《论语集释》，第34页。

8 《论语集释》，第119页。

们却是儒家一对对立统一的伦理规范，分别是子、父的行为原则。人以群分，君子的修养也有几类境界，"忠信如丘者"不如好学之孔丘，反映了忠信是良好修养的组成部分，好学则高一层次。

（三）"信近于义"

"中庸不仅是儒家学派的伦理学说，更是他们对待整个世界的一种看法，是他们处理事物的基本原则或方法论。"[1]"中庸之为德也，其至矣乎"[2]，儒家的学说体系既以中庸的理论建构，如果仅谈"信"，不免流于偏执。有子曰："信近于义，言可复也。"意思是说与人有约，做到求信近"义"时，才易执行。子贡问："何如斯可谓之士？"孔子最后回答道："言必信，行必果，硁硁然小人哉！抑亦可以为次矣。"[3]《孟子》中有："大人者，言不必信，行不必果，惟义所在。"[4]可见"义"是"信"的指导原则，灵活把握"义"的所在，是"大人"的能力。"义"的存在是为了调节"必信"的极端，孔子反省时说："吾有知乎哉？无知也……空空如也。我叩其两端而竭焉。"[5]孔子此说揭示了他的思想方法即中庸之道，叩其两端进而发现"义"的处所，即可得到"至德"。

1　庞朴：《中庸平议》，《中国社会科学》1980年第1期。

2 3 5　《论语集释》，第425页、第927页、第585页。

4　《孟子正义》，第555页。

此外，孔子说："可与共学，未可与适道；可与适道，未可与立；可与立，未可与权。"[1]钱穆说此"告人以进学之阶程"[2]，"权"的原则在孔子论说中地位较重，"权"的本义是物之锤，掌握了"权"也就把握了"义"。孟子说："男女授受不亲，礼也。嫂溺援之以手者，权也。"[3]他说："执中无权，犹执一也。所恶执一者，为其贼道也，举一而废百也。"[4]荀子说："与时屈伸……以义变应。"[5]

孔子说："君子贞而不谅。"[6]"贞"释为真诚，"谅"本义为信，在这里"谅"可解释为："不择是非而必于信。""不谅"的存在是为了调节"贞"这一道德。"子贡曰：'管仲非仁者与？桓公杀公子纠，不能死，又相之。'子曰：'管仲相桓公，霸诸侯，一匡天下，民到于今受其赐。微管仲，吾其被发左衽矣。岂若匹夫匹妇之为谅也，自经于沟渎而莫之知也？'"[7]齐襄公当政时，昏暴虐民，公子小白和公子纠为了避难而逃出齐国。鲍叔牙追随公子小白，管仲和召忽则跟随公子纠逃到鲁国。后来齐襄公被杀，公子小白回国做了国君，为齐桓公。为了防止公子纠与其争夺政权，他要求鲁国杀掉藏在那里的公子纠，召忽恪守臣道，为主人殉难，管仲不仅没有殉难，反而成为齐桓公的重臣。孔子高度肯

---

1 6 7 《论语集释》，第 626 页、第 1124 页、第 988—992 页。

2 《论语新解》，第 246 页。

3 4 《孟子正义》，第 521 页、第 918—919 页。

5 《荀子集解》，第 48 页。

定了管仲"一匡天下"以及开拓华夏文明的功绩，断然否定了死守臣道的一类"忠信"，他认为近乎"匹夫匹妇之谅"的做法是愚昧和毫无意义的。荀子说"从道不从君"，孔子说"志于道"，真正的儒者可以看透宇宙、时间的轮回，能够把握生命的意义与价值。士、士君子、明君子的知仁观和对交友的看法有异，"大人者"与小人对"信"的理解也不同。以"中道"来看待"信"，方不辜负孔子对"信"的指认。"信"的理解和实行在人，因人的境界不同，对"信"的运用便不同，这一特征也是君子（大人）与小人的区别之一。

"信"为人类交往的美德和原则，而"必信"则需"义"去调节，"信，义之期也"[1]，如能这样理解，便做到了对"信"的正确认识。

三、"以友辅仁"

（一）辅仁之功

曾子曰："君子以文会友，以友辅仁。"[2] 朱熹注："讲学以会友，则道益明。"[3] 朱熹把"文"解释为"讲学"，钱穆注："文者，

---

1 《郭店楚简校释》，第 161 页。

2 《论语集释》，第 878 页。

3 《四书章句集注》，第 141 页。

礼乐文章。君子以讲习文章会友。"¹ 荀子说："贵本之谓文，亲用之谓理，两者合而成文，以归大一。"² 荀子谈的第一个"文"显然不指文章，第二个"文"则指礼仪。作"礼仪"讲的"文"也出现在《荀子·礼论》"凡礼，始乎棁，成乎文"³ 等语句中，"以文会友"的"文"可理解为"贵本"或礼仪之义。"周监于二代，郁郁乎文哉"⁴，因礼在孔子思想体系中的地位较重，君子以恰当的礼仪与朋友交游自是常理。"人有是，士君子也；外是，民也。"⁵《诗经》曰："礼仪卒度，笑语卒获。"⁶ 说的是君子所行的礼仪都在礼的范围内，说笑等情性也恰当地释放了。"以友辅仁"的说法虽是曾子所提，鉴于孔子的交友思想与这一主张密切相关，因此笔者也将它视为孔子友朋观的内容之一。

因益友具有"仁"的品质，所以能够辅我以"仁"。"友其士之仁者"是"为仁"的途径，孔子提到的"益者三友""无友不如己者"也是为"辅仁"做准备的。在子游心目中，他的同门子羽就是"辅仁"之友。子游做武城宰时，有一次孔子问他："你在这里得到什么人才没有？"子游回答说："有澹台灭明者，行不由径，非公事，未尝至于偃之室也。"⁷ 意思是，子羽不因公事，是不会随便到子游家的。子游觉得子羽是一个可以委以重任的人才，

---

1 《论语新解》，第 326 页。

2 3 5 《荀子集解》，第 416 页、第 419 页、第 423 页。

4 7 《论语集释》，第 182 页、第 391 页。

6 《诗经原始》，第 430 页。

能很好地辅助他造福一方。子游又说:"只是这个有才能的君子却难得见面,希望先生与他相见时,劝他时常来我这里,以便得到他的帮助。"孔子说:"他遇到公事肯定会来的。若你委任他做有益于地方的公事,他肯定不会推辞,用不着我相劝。"

友道何以辅"仁"?儒家将朋友列为五伦之一,是否与"以友辅仁"的提法有关,暂不得而知。朋友一伦事关人道,得到了后世儒者的一致认可。《中庸》称:"天下之达道五,所以行之者三:曰君臣也,父子也,夫妇也,昆弟也,朋友之交。"[1]孟子说"朋友有信",朋友之间没有血缘关系,彼此志同道合,以信相维系。此类人际关系相对疏松,非自然情感融汇之处,因而在交往中彼此需持有诚敬之心、恭敬之貌,承担起"切切偲偲"与"责善"的职责。友道实际承载了"仁"的重要内涵,如"直""诚""忠信""恭敬"等德性,所谓友可辅"仁"便是此义。

(二)与墨子友朋观之异同

孟子说:"杨墨之道不息,孔子之道不著,是邪说诬民,充塞仁义也。"[2]又说:"墨氏兼爱,是无父也。"[3]韩非也评论说:"孔子、墨子俱道尧、舜,而取舍不同。"[4]孔子、墨子的主张确实存

---

1 《四书章句集注》,第 29 页。

2 3 《孟子正义》,第 456—457 页、第 456 页。

4 (清)王先慎:《韩非子集解》,中华书局 2013 年版,第 500 页。

在不同之处，但"儒墨两派相互攻讦的背后，隐伏的却是共时性文化背景下儒墨两家的相通与相融。"[1] 既然两家学说同中有异、异中有同，那么孔子与墨子的"友"观念有何异同呢？以这个小问题作为切入点，能否得出些有益的启示呢？

先分析彼此的共同点。第一，"无友不如己"与"必择所堪，必谨所堪"[2]。孔子主张朋友要有共同的志向，此志向是居于"仁"的。我们来看一下曾子朋友的日常言行，"以能问于不能，以多问于寡，有若无，实若虚，犯而不校"[3]，"犯而不校"类似于"待我以横逆，则君子必自反"[4]。钱穆说曾子之友依旧说为颜回。孔子把"直""谅""多闻"看作有益的品质，厌恶"便辟""善柔""便佞"的表现，从《论语》来看，孔子是爱憎分明的。子羔为费宰时，子路说："有民人焉，有社稷焉，何必读书，然后为学？"[5] 孔子说："你如此说是我厌恶'便佞'之人的原因。"孔子希望学生学有所成，有能力从政者可从政，若勉强为政，恐是害人。

墨子重择友，他目睹了染丝的过程后，感叹地说："染不可不慎。"[6] 他提出了一些择友的标准，士之友需"好仁义，淳谨畏

<hr>

1　曾振宇：《论孔墨之相通》，《湖南社会科学》2008 年第 3 期。

2　（清）孙诒让：《墨子闲诂》，中华书局 2001 年版，第 19—20 页。

3 5　《论语集释》，第 523 页、第 795 页。

4　《孟子正义》，第 596 页。

6　《墨子闲诂》，第 12 页。

令"[1]，好的朋友可使"家日益、身日安、名日荣"[2]，做官也能得理。"据财不能以分人者，不足与友。"[3]"守道不笃，遍物不博，辩是非不察者"，不值得交往。孔子说："君子周而不比，小人比而不周。"[4]骄傲夸耀、"创作比周"的朋友，会使"家日损、身日危、名日辱"，做官不得其理。

第二，"亲仁"与"相爱相利"。对待民众时，孔子提倡"泛爱众，而亲仁"，孔子谈到自己的志向时说："老者安之，朋友信之，少者怀之。"[5]他期许的是和谐的社会情景：人与人安适地生活，彼此各有所得。子路的志向是车马轻裘"与朋友共敝之而无憾"[6]，子路与朋友共用之意也是近"仁"的，颜渊"无伐善，无施劳"[7]的志向比子路更高远些，唯有孔子的心愿渐入仁境。墨子希望人与人相爱相利，不要相恶相贼，"相爱相利"的道理是"度于天"的。当然，"相爱相利"还有一个大的前提，即"近者不亲，无务来远；亲戚不附，无务外交"[8]，我们不能忽略掉。孔子虽未明确提出相爱相利，但他"亲仁"的思想与墨子存有共通性。

"兼相爱，交相利"是墨子的重要思想之一，也适用于朋友之间。为什么墨子会提出这类学说呢？欲治天下当察"乱何自起"

---

1 2 3 8 《墨子闲诂》，第18页、第19页、第10页、第8页。

4 《论语集释》，第100页。

5 《论语集释》，第353—354页。

6 7 《论语集释》，第353页。

"起不相爱"[1]。父子、兄弟、君臣皆自爱而不爱对方，盗、贼皆爱其室、其身而不爱异室和他人，大夫、诸侯皆爱其家、其国而不爱异家、异国，以上各类现象便是天下混乱的原因。既然找到了天下病乱的原因，墨子便对症下药，提出了他的攻疾秘方："劝爱人。"[2] 爱人若爱己，则孝、慈生，盗、贼无有，家国安宁。

有人提出疑问：兼则善，恐怕难于实行吧？墨子不以为然，他认为爱人、利人，人必爱之、利之，若上以为政、士以为行，便容易实现。墨子以爱人、利人为身体力行的方法，其期待便是人从而爱之、利之，进而实现"兼相爱，交相利"[3]。"所求乎朋友先施之，未能也"[4]，孔子说我希望朋友怎样对我，我就先那样对待朋友，努力实践日常的德行，尽力谨慎平时的言语，做到言行一致。孔子提倡推己及人，主张先做善事。孟子说："仁者爱人……爱人者人恒爱之，敬人者人恒敬之。"[5] 墨子认为，爱人者人必爱之，爱人是兼相爱的前提，"兼相爱，交相利"则"仁"必成。如此看来，墨子主张的"兼相爱"与孔孟的"仁""恕"等学说并不冲突。

那么，"兼相爱"如何适用于朋友之间？墨子说，若视友身不如吾身，视友亲不如吾亲，则饥不食、寒不衣，疾病、死丧皆不

---

1 2 3 《墨子闲诂》，第98页、第100页、第102页。

4 《四书章句集注》，第23页。

5 《孟子正义》，第595页。

顾，不爱朋友的人有谁愿意与他来往呢？必"相爱相利"[1]，人与人才能互为朋友。往战之将与出使之臣生死未卜、前程未测，托家室于兼爱之友，必不肯托家室于以"别"为正的人。托家室于兼爱之友，知他必爱己亲如其亲，请信实之友照顾妻、子，也必知他言而有信，不负所托。《孟子》中有此类记载，若托妻、子于友，而冻馁其妻、子，则失信于友，朋友便做不成了。

君臣不惠忠、父子不慈孝、兄弟不和调、家邦不安定是墨子痛心疾首的心事，为此他孜孜不倦地思考，终于找到了破解这一难题的钥匙："兼相爱，交相利。"墨子的友朋观也建筑在这一基础之上。君子"莫若审兼而务行之"[2]，爱朋友然后朋友爱之，以至"相爱相利"，若要指出孔子、墨子"友"观念的不同之处，此是一处。与《论语》的有关内容相比，墨子的"友"观念论述得并不详细。

（三）与亚里士多德"友爱"论之比较

孔子与亚里士多德同为历史上著名的思想家，在对朋友的认识问题上他们各有论述，那么他们的友朋观有着怎样的不同与共通之处呢？仔细辨别后我们会逐渐发现，他们的友朋观差异实是代表了东西方两种不同的思维方式和文化特征。

他们的不同点集中在哪几个方面呢？第一，朋友的范围不同。《论语》有"朋""友""朋友"三个概念，前文对这三者的含义

---

1 2 《墨子闲诂》，第 22 页、第 126 页。

已有所分析。《论语》把朋友区分在血亲和姻亲关系（如父子、兄弟、夫妇）之外，而亚里士多德所著《尼各马科伦理学》中，朋友的范围要宽泛许多，它几乎包括所有的人际关系，除了城邦中共同生活的朋友，父母与子女、男子与妇女、领袖与属民等人群也可以建立友爱。

第二，维系朋友关系的纽带不同。孔子谈论的朋友拥有共同的志向与旨趣，孔子曾说"无友不如己"。因益友可以"辅仁"，孔子十分重视朋友的品性，他说"友直，友谅，友多闻，益矣。友便辟，友善柔，友便佞，损矣。"[1] 他将"信"作为交往的前提和基础。亚里士多德把一般的友爱分成三类：利用的友爱、快乐的友爱和德性的友爱。友爱是某种德性或者富于德性的事物。出于馈赠与保藏财产的需要，或许富人和有权势的人更需要朋友。在朋友的帮助下，人们可以摆脱贫穷、逃离灾难，青年人可以少犯错误，老年人可以得到照顾，壮年人的行为则更加高尚。亚里士多德认为利用的友爱多存在于老年人中间，快乐的友爱多存在于年轻人之间，德性的友爱多见于好人（善良的人）。利用的友爱与快乐的友爱具有一定的偶然性，一旦不能从对方那里得到好处和快乐，友爱便难以维持。

第三，亚里士多德认为共同生活是友谊的标志，虽然距离不能把朋友完全阻隔，但妨碍了彼此的现实活动。很显然，孔子不

---

1 《论语集释》，第 1149—1150 页。

会赞同这个观点，在中国的传统文化中，有"同悦而交，以德者"
"尚友""近则正之，远则称之"等说法，时空岂是最大的障碍？

德性的友爱则不同，它是完美的，"那些为了朋友自身而希望
朋友为善"[1]的人才是最好的朋友。德性是善良之人的品性。德性
不变，友爱不仅能够长存，而且不会受到离间。"爱着朋友的人就
是爱着自身的善"[2]，朋友能以同等的快乐和愿望回报对方，在这一
点上友爱是平等的。在德性方面，孔子的朋友之道与亚里士多德
谈论的友爱接近。

孔子的"友"观念虽说简易，但它给后世的朋友一伦划定了
基本框架，提出了一系列问题，也给出了相应的答案，如朋友应
具备何类善的品质、朋友如何相处互助。师、弟子虽不在五伦范
围内，但在荀子以后的儒者著作中，师友时常并提，可见师、弟
子也可归到朋友一伦中讨论，孔子说："三人行，必有我师。"[3]从
宏观上讲，师亦在友中。由《论语》可见，"直""谅""多闻"等
品质是朋友的德性，也是交友的前提，在"朋友切切偲偲""言而
有信"的交往中彼此切磋、勉励，享受精神之"乐"的同时得以
"辅仁"，最终以"仁"的实现为归宿，上述内容便是孔子对朋友
之道的期许。

---

1 ［古希腊］亚里士多德著，苗力田译：《尼各马科伦理学》，中国人民大学出版社 2003
年版，第 167 页。

2 《尼各马科伦理学》，第 171 页。

3 《论语集释》，第 482 页。

第二节 "友，君臣之道"：《郭店楚简》 与孟子友朋观互证

朋友是人际关系的重要组成部分，是儒家五伦之一，属于社会伦理。朋友在五伦中的地位是非常特殊的，它的特殊性表现在选择性、平等性、责善辅仁、重诚信等方面。早期儒家对朋友关系做了各类深入的研究，尤其《郭店楚简》与孟子的友朋观最有特色。以往学界多依据传世文献着手研究儒家友朋观，很少涉及出土文献。本文将采用传世文献和出土文献相结合的研究方法，在探讨《郭店楚简》和孟子友朋观的基础上，尝试发现其内在联系。

《郭店楚简》自出土以来，在很长一段时间内成为学术界研究的热点，庞朴先生在《孔孟之间——郭店楚简的思想史地位》中提道："这批竹书属思孟学派著作，是早期儒家心性学说的重要文献；它的出土，补足了孔孟之间思想链条上所曾经缺失的一环。"[1]《郭店楚简》对友道的论述，在当时的社会乃至今天的时代都有着独特的社会意义。"友，君臣之道"是《郭店楚简》友朋观的突出体现。

1　庞朴：《孔孟之间——郭店楚简的思想史地位》，《中国社会科学》1998 年第 5 期。

一、"友"与君臣之"义"

在子思之儒看来，以友相待是处理君臣关系的准则。"父无恶，君犹父也，其弗恶也，犹三军之旌也，正也。所以异于父，君臣不相才（存）也。则可已；不悦，可去也；不义而加者（诸）己，弗受也。友，君臣之道也。"[1]《郭店楚简》载："鲁穆公问于子思曰：'何如而可谓忠臣？'子思曰：'恒称其君之恶者，可谓忠臣矣。'"[2]"以忠事人多。忠者，臣德也。"[3]为了道义批评君主的过错，指责君主的行为过失，是符合君臣之道的。孔子提倡的友道也是如此：当朋友有过失时，应"忠告而善道之"。在此，友道与君臣之道极其相似。

朋友与君臣属于"无亲"的社会关系，因而《郭店楚简》有时将友、君臣同举，如："友、君臣，无亲也"[4]，"君臣、朋友，其择者也"。作者进而以"友"来规范君臣关系，这是儒家友朋观的一个新变化。《论语》也曾提到君臣与朋友存在相似性："事君数，斯辱矣。朋友数，斯疏矣。"[5]君、友放在一起讲，可见此两伦较为接近，"古称此两伦以人合"[6]。"子贡问友。子曰：'忠告而善道之，不可则止，毋自辱焉。'"[7]事君也是一样，子曰："所

---

1 2 3 4 《郭店楚简校释》，第208页、第177页、第113页、第182页。

5 7 《论语集释》，第281页、第877页。

6 《论语新解》，第107页。

谓大臣者，以道事君，不可则止。"

　　君臣以友相待与"君臣义生言"的观点是一致的。《中庸》说"义者宜也，尊贤为大。"[1]《六德》说："以义使人多。义者，君德也。"君若以不义加于臣，臣可以不接受。"尊贤"是义之举，"忘贤"即不义，《唐虞之道》称："爱亲忘贤，仁而未义也。尊贤遗亲，义而未仁也。"[2]"贵贵，其等尊贤，义也。"[3]"贵贵"即以下敬上，尊贤是以上敬下，同属于"义"的范畴。《周礼·地官·师氏》记载："友行，以尊贤良。"在这里我们不难看出"友"与"义"存在密切联系，"友"被包含在"义"中。

　　"义"的内涵十分丰富，在《中庸》《郭店楚简》与《孟子》等文献中，"义"有着共同的内容：尊贤。《释名·释言语》说："义，宜也，裁制事物，使合宜也。"通常义指合理地裁制事物。告子说："吾弟则爱之，秦人之弟则不爱也，是以我为悦者也，故谓之内。长楚人之长，亦长吾之长，是以长为悦者也，故谓之外也。"[4]在告子看来，"内"以"我"为范围，而"外"指"我"之外，即门外。庞朴先生曾经指出："告子所持的仁内义外说，不是说仁出自内心，义起于外物，不是这样的道德发生论的问题，而只是叙说了仁义的施行范围之别。"[5]《六德》篇称："仁，内

1 《四书章句集注》，第28页。

2 3 《郭店楚简校释》，第148页、第71页。

4 《孟子正义》，第744页。

5 庞朴：《试析仁内义外之辨》，《文史哲》2006年第5期。

也。义，外也。礼乐，共也。"[1] 这句话更加说明了内外之别，内外是指家族内外。由此可见在家族之外，尊贤为"义"之大者，而"友行，以尊贤良"，则"友行"为"义"之重。

值得注意的是，"友，君臣之道"的"友"与"友行，以尊贤良"中"友"的含义并不十分相同，因此在后文中，君臣相友便含有两个方面的内容：一是君臣相互辅助以志于道，二是敬贤使能，合而言之为尊贤重道。

"友，君臣之道"这一观点的出现并不是偶然的，它与士、友的相处规范有关。在周代封建制度中，士是贵族阶级的最低一层，士的上面是大夫，下面为庶人，在森严的封建系统下，社会的流动性极小，士的身份是相当固定的，有僚属关系的士之"朋友"也应是特定的群体，不同于现今意义上的朋友。到了春秋战国之际，封建秩序的崩坏导致了士的队伍发生了剧烈变动。"封建关系虽然在理论上是固定的、静态的，但周代社会在实际上却处在不断的发展之中，从公元前 6 世纪中叶到公元前 5 世纪初，种种证据都显示封建秩序已不复能维持其原有的固定性了。"[2] 与此同时，"友"的群体发生了流动，士友关系有了相应的变化，但这种士友关系仍为早期儒家学者所看重，因此便出现了不少有关士与友的论述，在士友与君臣有着相似点的基础上，"友"为"君臣"之道可能是儒家的理想境界。

1　《郭店楚简校释》，第 109 页。

2　余英时：《中国知识人之史的考察》，广西师范大学出版社 2004 年版，第 122 页。

在《郭店楚简》中，我们可以读到一些士与友的内容。士与友有唇齿相依的关系。"山无堕则圮，成无蓑则圮，士无友不可。君有谋臣，则壤地不削；士有谋友，则言谈不弱。"[1]《荀子集解》这样记载："天子之丧动四海，属诸侯；诸侯之丧动通国，属大夫；大夫之丧动一国，属修士；修士之丧动一乡，属朋友。"[2] 从中我们不难看出朋友与士的密切关系。《礼记·曾子问》中有朋友为士的丧事设奠的记载："孔子曰：'非此之谓也。天子诸侯之丧，斩衰者奠，大夫齐衰者奠，士则朋友奠。'"[3]《左传》也有关于朋友的记载，师旷曰："是故天子有公，诸侯有卿，卿置侧室，大夫有贰宗，士有朋友，庶人、工、商、皂、隶、牧、圉皆有亲昵，以相辅佐也……自王以下各有父兄子弟以补察其政。"[4] 从"士有朋友"这则史料同样可以看出士与朋友之间的亲昵、辅佐关系。随着历史的变迁，士和友的群体发生了变化、流动，便出现了"巨雄"和"贤人"的亲密关系，进而发展为君臣关系。

君臣异于父子，君臣不像父子那样互相依存。相悦则可，不相悦则可以离开。以友相待并以恩义相处，是君臣之间的正道。在《郭店楚简》中，君臣关系的地位高于朋友，在丧服制度中，君臣与父子的规范一致，朋友与宗族一致。"疏斩布、绖、杖，为

1 《郭店楚简校释》，第 224 页。

2 《荀子集解》，第 426 页。

3 《礼记集解》，第 515 页。

4 《春秋左传注》，第 1016—1017 页。

父也，为君亦然。疏衰齐，牡麻经，为昆弟也，为妻亦然。袒免
为宗族也，为朋友亦然。"[1] 在丧礼的一些规定中，父的地位略高
于君，朋友则列于宗族之后。"为父绝君，不为君绝父。为昆弟
绝妻，不为妻绝昆弟。为宗族杀朋友，不为朋友杀宗族。"[2]《郭
店楚简》将父子、君臣对举，意在突出两类伦理各自不同的特征，
父子间重"亲"厚"仁"，君臣间重义。例如："父子亲生言，君
臣宜生言。"[3] "[厚于仁，薄] 于义，亲而不尊。厚于义，薄于
仁，尊而不亲。□□父，有亲有尊。长悌，亲道也。友、君臣，
无亲也。"[4]

孟子也尝试以朋友之道规划君臣关系，他对君臣关系的建构
继承了《郭店楚简》"友，君臣之道"的思想，最为代表性的当属
《孟子·离娄章句下》的一段记载：

> 孟子告齐宣王曰："君之视臣如手足，则臣视君如腹
> 心；君之视臣如犬马，则臣视君如国人；君之视臣如土
> 芥，则臣视君如寇仇。"王曰："礼为旧君有服，何如斯
> 可为服矣？"曰："谏行言听，膏泽下于民，有故而去，
> 则君使人导之出疆，又先于其所往，去三年不反，然后
> 收其田里，此之谓三有礼焉。如此则为之服矣。今也为

---

1 2 3 《郭店楚简校释》，第 109 页。
4 《郭店楚简校释》，第 182 页。

臣，谏则不行，言则不听，膏泽不下于民，有故而去，
则君搏执之，又极之于其所往，去之日遂收其田里，此
之谓寇仇。寇仇何服之有？

孟子认为君臣相互辅助并以义相合，《郭店楚简》也提到了
"君臣义生言"[1] 的观点。君主看待臣属如手足，那臣属就看待君
主如腹心；君主看待臣属如犬马，那臣属就看待君主如常人；君
主看待臣属如土芥，那臣属就看待君主如仇敌。庄子在《人间
世》里提道："内直者，与天为徒，与天为徒者，知天子之与己
皆天之所子。"[2] 这句论述在一定程度上反映了庄子君臣平等的思
想。当代一些学者也注意到了先秦时期的君臣关系近似于朋友关
系。郝大维、安乐哲在《先贤的民主》里提道："古典儒学界定
君臣关系不是简单地如同父子关系，而是将父子关系与朋友关系
相结合的一种关系。"[3] 杜维明认为士人"能够以教师、顾问、批
评者或朋友的身份，对帝王保持一种独立的姿态。他们从来就不
是妾妇"[4]。

"伯夷非其君不事，非其友不友；不立于恶人之朝，不与恶
人言。"[5] 若立于恶人之朝、与恶人交谈，好比穿戴整齐坐于"涂

---

1 《郭店楚简校释》，第 109 页。

2 《庄子今注今译》，第 135 页。

3 郝大维、安乐哲：《先贤的民主》，江苏人民出版社 2004 年版，第 86 页。

4 杜维明：《杜维明文集·第三卷》，武汉出版社 2002 年版，第 523 页。

5 《孟子正义》，第 242 页。

炭",这情形如同遇见一个戴歪帽子的乡人,立即不开心地走开,唯恐玷污了自身,而柳下惠则"不羞污君"[1]。孟子评论说,伯夷"隘",柳下惠"不恭"。那么君子该如何做呢?当如孔子"无可无不可"[2],"可以仕则仕,可以止则止,可以久而久,可以速则速"。依此出仕,则君臣关系更似朋友。

孟子说人皆有"恻隐之心""羞恶之心""恭敬之心"和"是非之心",还说:"仁义礼智,非由外铄我也,我固有之也,弗思耳矣。"[3]既然人人有善端,"圣人与我同类者"[4],则每个人在人性面前是平等的。在人性平等的基础上,孟子进一步主张政治平等,政治平等的表现之一即君臣可相互"责善"。

"责善,朋友之道也。父子责善,贼恩之大者。"[5]"责善"即因求好而相责备,是孟子提出的"朋友之道",《论语》里"朋友切切偲偲"也是讲朋友之间相互责善的样子。孟子认为君主要听从臣的劝谏并以礼相待,若不听劝谏,臣也可遗弃他。"友、君臣,无亲也。"朋友、君臣没有亲属关系,并且朋友、君臣之间是可以选择的,因而彼此能够责善,如果朋友、君主不听劝告也就算了,"不可则止"后并不伤及感情。孟子还指出,若君主有大的过失却始终不听劝谏,贵戚之卿可以使他易位,异姓之卿可以离开他。

---

1 3 4 5 《孟子正义》,第 244 页、第 757 页、第 763 页、第 599 页。

2 《论语集释》,第 1285 页。

　　齐宣王问卿，孟子曰："王何卿之问也？"王曰：
"卿不同乎？"曰："不同。有贵戚之卿，有异姓之卿。"
王曰："请问贵戚之卿。"曰："君有大过则谏，反覆之而
不听则易位。"王勃然变乎色。曰："王勿异也！王问臣，
臣不敢不以正对。"王色定，然后请问异姓之卿。曰：
"君有过则谏，反覆之而不听则去。"

　　《孟子·离娄章句下》也提道："无罪而杀士，则大夫可以去；
无罪而戮民，则士可以徙。"[1] 臣遇到无道的君主时，便可舍他而
去。贤明的圣人和君王是能够听从谏言，做到从善如流的。"子路
人告之以有过则喜，禹闻善言则拜。大舜有大焉，善与人同，舍
己从人，乐取于人以为善。"[2] 舜、禹等圣人能谏行言听、与人为
善，所以才能成就一番事业。

　　虽然朋友、君臣之间可以相责以善，但孟子认为父子之间不
责善，即父子之间不能因求好而彼此批评。因为父子一旦"责
善"，便有可能引起愤怒，伤害彼此的亲情。

　　公孙丑曰："君子之不教子，何也？"孟子曰："势
不行也。教者必以正。以正不行，继之以怒；继之以怒，
则反夷矣。夫子教我以正，夫子未出于正也，则是父子

---

1 2 《孟子正义》，第549页、第240页。

相夷也。父子相夷，则恶矣。古者易子而教之，父子之
间不责善，责善则离，离则不祥莫大焉！"

《郭店楚简·六德》篇的作者认为人有六德，因此主张："门
内之治恩掩义，门外之治义斩恩。"[1] 父孝子爱是人自然情感的流
露，不是故意做出的。家门内的治理要用恩情掩盖道义，家门外
的治理要用道义切断恩情。当父亲盗窃别人家的羊时，儿子出于
亲情替父亲隐瞒了，孔子认为这是符合人情的。"父为子隐，子为
父隐，直在其中矣。"[2] "门内之治恩掩义"的做法正是符合了孔子
所说的"直"。孟子的"父子之间不责善"则将"恩掩义"的说法
更加具体化了。《孟子·尽心上》有这样一段记载，桃应问孟子：
"舜为天子，皋陶为士，瞽瞍杀人，则如之何？"孟子曰："执之
而已矣。""然则舜不禁与？"曰："夫舜恶得而禁之？夫有所受之
也。""然则舜如之何？"孟子回答说："舜视弃天下犹弃敝蹝也。
窃负而逃，遵海滨而处，终身䜣然，乐而忘天下。"[3] 孟子认同了
门内仁掩义的主张，因而做出了舜弃天下、窃负而逃的巧妙回
答。他的设想与《郭店楚简》"为父绝君，不为君绝父"的观点
是一致的。

但在荀子看来，父子之间应以"义"为原则，相互责善。"入

---

1 《郭店楚简校释》，第 109 页。

2 《论语集释》，第 924 页。

3 《孟子正义》，第 931 页。

孝出弟，人之小行也；上顺下笃，人之中行也；从道不从君，从义不从父，人之大行也。"[1] 他将"顺从正道而不顺从君主，顺从道义而不顺从父亲"看作人的大德。荀子谈孝，并不推崇一味地顺从，他将义作为衡量孝的最高标准，这有异于孟子关于父子不"责善"的思想。另一方面，父母对子女也应"忠告而善道之"，"君子之于子，爱之而勿面，使之而勿貌，导之以道而勿彊"[2]。

　　公都子问孟子："匡章，通国皆称不孝焉。夫子与之游，又从而礼貌之，敢问何也？"孟子说："世俗所谓不孝者五……章子有一于是乎？夫章子，子父责善而不相遇也。责善，朋友之道也。父子责善，贼恩之大者。夫章子岂不欲有夫妻子母之属哉？为得罪于父，不得近，出妻屏子，终身不养焉。其设心以为不若是，是则罪之大者。是则章子已矣。"[3]《战国策·齐策》记载："章子之母启得罪其父，其父杀之，而埋马栈之下。"[4] 匡章谏父，父不听，故"子父责善而不相遇"。孟子不同意匡章关于不孝的世俗偏见，因匡章尽心改过，以"出妻屏子，终身不养"罪己，不失对父亲的爱慕之情，孟子不但"与之游，又从而礼貌之"[5]，由此可见孟子赞同的孝并不是言听计从的愚孝。就常理来说，"责善，贼

---

1 2 《荀子集解》，第 624 页、第 579 页。

3 5 《孟子正义》，第 599—600 页、第 598 页。

4 （西汉）刘向集录，范祥雍笺证，范邦瑾协校：《战国策笺证》，上海古籍出版社 2006年版，第 526 页。

恩之大者"。孟子说:"古者易子而教之。父子之间不责善,责善则离,离则不祥莫大焉!"[1]孟子不愿看到父子责善而不相遇,因而他赞同"易子而教"的做法。

"孟子的君臣对等思想,实则包括两个方面:一方面说手足——腹心、犬马——国人、土芥——寇仇,土芥——寇仇之论又最让统治者胆战心惊,这是对抗的一面,可谓激进其表、冷峻其里;另一方面说师、友、事,师友之论又最让士阶层心往神驰,这是合作的一面,可谓狂者其表、热忱其里。"[2]既然"士"是"道"的承担者,若"士"的德行较高,则君主与"士"交友,便会遇到阻力。在《孟子》中有这样一段记载:鲁缪公欲与子思为友,子思不悦,坚持因品德高尚居于被事之位。

> 缪公亟见于子思,曰:"古千乘之国以友士,何如?"子思不悦,曰:"古之人有言曰,事之云乎,岂曰友之云乎!"子思之不悦也,岂不曰以位,则子君也,我臣也,何敢与君友也?以德,则子事我者也,奚可以与我友?

在子思看来,论地位,鲁缪公与他是君臣关系,但论道德,

---

1 《孟子正义》,第 523—524 页。

2 杨海文:《对抗与合作——孟子对君臣关系的新建构》,《江南大学学报(人文社会科学版)》2011 年第 6 期。

鲁缪公是向他学习的人。"依照当时的一般观念，士和君主的关系可分为三类，即师、友与臣。"[1]

"费惠公曰：'吾于子思，则师之矣。吾于颜般，则友之矣。王顺、长息，则事我者也。'"[2]《史记·魏世家》也记载了魏文侯对卜子夏、田子方、段干木三人以师待之，对吴起、李克、乐羊、西门豹、屈侯鲋五人用之以臣的事例。《战国策》记载郭隗答燕昭王说："帝者与师处，王者与友处，霸者与臣处，亡国与役处。"[3]这段有关师、友、臣的记载与《孟子》中费惠公之言基本符合。大概当时的君主与知识人之间存在这三种关系，"君主对少数知识分子的前辈领袖是以师礼事之，其次平辈而声誉卓著的以友处之，至于一般有学问知识的人则用之为臣"[4]。

君主与知识人之间发生师、友、臣关系的一个重要原因为："'道'需要具备某种架构以与'势'相抗衡。道统是没有组织的，'道'的尊严完全要靠它的承担者——士——本身来彰显。因此，士是否能以道自任，最后必然要归结到他和政统的代表者——君主——之间是否能保持一种适当的个人关系。"[5]知识人只有"以德"才能担当其弘道的责任，为了彰显"道"的尊严和"德"与"位"的匹配，子思必须坚持以师自居，这是先秦时期知识人产生

1　《中国知识人之史的考察》，第 136 页。

2　《孟子正义》，第 691 页。

3　《战国策笺证》，第 1684 页。

4 5　《中国知识人之史的考察》，第 137 页。

的一种身份的自觉。

庞朴先生在《初读郭店楚简》里提道:"君臣是一种朋友关系,一种互相选择的关系,所谓'友,君臣之道也','君臣、朋友,其择者也'。如果对君有所'不悦,可去也';如果君有'不义而加诸己,弗受也'。这种自由主义的思想,固然有着战国时代那种朝秦暮楚、楚材晋用,或者叫作此处不留爷,自有留爷处的政治背景,但也切勿忽视其中洋溢着的儒家那种以德抗位的倔强精神。"[1] 孟子认为贤明的君主要"贵德而尊士,贤者在位,能者在职",也就是以德为贵、尊敬士人,使有德行的人居于相当的官位,有才能的人担任一定的职务。他还说:"尊贤使能,俊杰在位,则天下之士,皆悦而愿立于其朝矣。"[2] 君主尊德尚贤,势与道之间达到合理的平衡时,国家必能大治。

《论语·宪问》中孔子已提到臣属可犯颜直谏的主张:"子路问事君。子曰:'勿欺也,而犯之。'"[3]《郭店楚简》记载:"鲁穆公问于子思曰:'何如而可谓忠臣?'子思曰:'恒称其君之恶者,可谓忠臣矣。'"[4] 孟子承继了《郭店楚简》君臣以友相待的观点,并进一步指出,若君主有大的过失却始终不听劝谏,贵戚之卿可以使他易位,异姓之卿可以离开他。"在社会政治伦理关系中推

---

1 庞朴:《初读郭店楚简》,《历史研究》1998年第4期。

2 《孟子正义》,第226页。

3 《论语集释》,第1002页。

4 《郭店楚简校释》,第177页。

行'相责以善',有赖于一个前提性条件的成立,即重新论证君臣之间的政治关系,将君臣之间的关系定位为'友'。"[1] 而《郭店楚简》提出的"友,君臣之道"恰好为儒家君臣"相责以善"的观点奠定了理论基础。

更令人期待的是,关于友与君臣的论述并未就此终止,孟子在"友,君臣之道"的基础上继续开拓。《孟子》中出现了两段记载:一是鲁缪公欲与子思为友,子思不悦,坚持因品德高尚居于师位;二是"费惠公曰:'吾于子思,则师之矣;吾于颜般,则友之矣;王顺、长息则事我者也。'"君臣之间,由《郭店楚简》的"友"扩展为三种关系:师、友、事,由此势与道相抗衡的画面逐渐展开。孔子之后,儒家的理想主义到了孟子的手上更获得进一步的发展。孟子把士与道的关系扣得更紧密。若实现士的抱负,就会出现由"友"到"师、友、事"的分化局面。

梁漱溟说:"按中国人的道理,大家在团体中的地位应当一律平等;可是有两个天然不可少的等差:一种是从看重理性、尊尚贤智而来的等差,一种是从尊敬亲长而来的等差。"[2] 按照梁漱溟的理解,论道德知识,君臣有等差;论政治地位,君臣有别。

---

1 曾振宇:《孟子孝论对孔子思想的发展与偏离——从"以正致谏"到"父子不责善"》,《史学月刊》2007 年第 11 期。

2 梁漱溟:《梁漱溟全集·第二卷》,山东人民出版社 2005 年版,第 296 页。

庞朴先生认为,《郭店楚简》对夫妇、父子、君臣三大关系提出了对等的要求,"不仅要求妇德,而且要求夫德;不仅要求子德,而且要求父德;不仅要求臣德,而且要求君德。这也是儒家的传统"[1]。儒家伦理"体现的是虽有等差,却'互以对方为重'的伦理"。君臣有身份的等差,但"不应该是服从与支配的关系、隶属与领导的关系"[2],他们彼此应有平等的相互性责任。唐君毅强调"高下之位分等级间的关系"应是"尊戴与涵容的关系"[3],这便是友道在政治上的运用。郝大维、安乐哲认为:"一个有活力的儒家民主必须提倡一种建立在个人的公共源头基础上的平等,而不是一种建立在原于个人主义概念基础上的平等。"[4]而民主意义上的"个人的公共源头基础上的平等"正是"友,君臣之道"的现代诠释。

臣以"师、友、事"与君交往的观点证实了孟子的民本主义政治学说。胡适认为:"因为他把个人的人格,看得如此之重,因为他以为人性都是善的,所以他有一种平等主义。"[5]胡适评论说:"孟子的政治学说很带有民权的意味。""君臣对等根源于智识分子的独立人格,独立人格于事不能体现,于友也难以彰显,所以

---

1 庞朴:《初读郭店楚简》,《历史研究》1998 年第 4 期。

2 高瑞泉:《比较视野中的观念史研究——以美国学者论中国人"平等"观念为中心》,《社会科学》2012 年第 11 期。

3 唐君毅:《人文精神之重建》,九州出版社 2016 年版,第 40 页。

4 《先贤的民主》,第 14 页。

5 胡适:《中国哲学史大纲》,上海人民出版社 2014 年版,第 202 页。

师是孟子真正的兴趣。"[1] 德行是子思的生命，也是士所弘扬的道，有了德行，子思才能拒绝与鲁缪公交友，才能为费惠公之师。

黄宗羲也提到臣"以天下为事，则君之师友也"[2]。黄宗羲认为，君臣都以天下事为己任，两者应是融洽的师友关系。黄宗羲继承了早期儒家深厚的民本主义思想，他与孟子的友朋观是一致的，他主张将"天下"作为根本的价值出发点来实现君臣之义，他"以天下为事"的思想与北宋士阶层的共识是统一的。程颐说："帝王之道也，以择任贤俊为本，得人而后与之同治天下。"[3] 黄宗羲发挥了程颐君臣"同治天下"的思想，说："原夫作君之意，所以治天下也。天下不能一人而治，则设官以治之。是官者，分身之君也。"[4] 既然臣为"分身之君"，则臣为"君之师友"论断的得出便是自然而然了。"民本"一词最早由梁启超提出，金耀基认为："盖中国之政治，自秦汉以降，虽是一个君主专制的局面，但总因有浓厚的民本思想之影响，遂使君主专制的政治弊害得以减轻和纾解。"[5] 在君臣关系上，《缁衣》记载："大臣不可不敬。"[6]

孟子将"贵贵"和"尊贤"统一到"友"的范畴中，一方面强调了君臣的对等关系，同时也反映了他主张尊贤使能的民本思

---

1 杨海文：《对抗与合作——孟子对君臣关系的新建构》，《江南大学学报（人文社会科学版）》2011 年第 6 期。

2 4 （清）黄宗羲：《明夷待访录》，中华书局 2011 年版，第 19 页、第 27 页。

3 《二程集》，第 1035 页。

5 金耀基：《中国民本思想史》，台湾商务印书馆 1993 年版，第 7 页。

6 《郭店楚简校释》，第 49 页。

想："用下敬上，谓之贵贵；用上敬下，谓之尊贤：贵贵尊贤，其义一也。"[1]

二、"贵德而尊士"

孟子常提到君臣、君民之礼，细究起来，孟子重礼仪的根本原因在于"情"。礼是人情之表示，生命之深密处乃礼之根本，正确的礼仪能够反映恰当的君臣、君民关系。

在中国，合理的情感需要与礼仪为质与文，两者不可或缺。因人们的思想认识不同，在荀子看来，礼仪则是"圣人明知之，君子安行之，官人以为守，百姓以成俗"[2]，如祭礼"其在君子，以为人道也；其在百姓，以为鬼事也"。"雩而雨，何也？曰：无何也，犹不雩而雨也。日月食而救之，天旱而雩，卜筮然后决大事，非以为得求也，以文之也。故君子以为文，而百姓以为神。"[3] 祀天、卜筮等礼仪，在君子看来并不是要求得到什么，而是"务郑重其事而妥安其志"[4]、绵永尊天知命之意。荀子说："祭者，志意思慕之情也，忠信爱敬之至矣。"[5] 祭祀之事其实是为了抒发思慕之情，表达忠信爱敬之义。

---

1 《孟子正义》，第 695 页。

2 5 《荀子集解》，第 445 页。

3 《荀子集解》，第 374 页。

4 梁漱溟：《梁漱溟全集》，山东人民出版社 2005 年版，第 114 页。

在治理百姓方面，一定的仪式也有利于引导民众趋于忠信爱敬之德。"民可使由之，不可使知之"[1]，《郭店楚简》也有类似的话："民可使道之，而不可使智之。民可道也，而不可强也。"[2] "道"即引导，民众可以引导，但不可勉强。子曰："中人以上，可以语上也；中人以下，不可以语上也。"[3] 说的也是近似的含义。

孟子对待古时君臣关系的态度更加激进些，他说贤士"乐其道而忘人之势"[4]。《史记·孔子世家》记载："桓子卒受齐女乐，三日不听政；郊，不致膰俎于大夫。孔子遂行，宿乎屯。"[5] 谏诤不从得去，君主虽有恶行，但孔子不欲众人皆知君过，因而"以微罪行"。从孔子的言行和《白虎通》的相关记载中，我们可以得出以下论断：古代士人存有大局意识。此类意识不仅反映在儒家的文献中，在各家的典籍中也有所反映。《吕氏春秋》《白虎通》论隐恶之义时，将大局意识呈现得尤为明显，由它产生的规范既遵从了人情的合理需求，又促成了稳定的社会秩序。

孟子论仁政，重视尊贤，他认为治国要"贵德而尊士，贤者在位，能者在职"[6]。孟子描绘的君与士相处是怎样一幅图景呢？君与臣以天下为事，是共同曳木之人。

其一，治政以天下为主，君则为客。若四境之内不治，国君

---

1 3 《论语集释》，第531页、第404页。

2 《郭店楚简校释》，第124页。

4 6 《孟子正义》，第888页、第223页。

5 《史记》，第2324页。

不胜其职,理当废去。民为贵,君则为轻。孟子问齐宣王,若王
之臣托其妻、子于友,而冻馁其妻、子,该怎么办呢?齐宣王毫
不犹豫地说,这样的人已不算朋友了。孟子又问,若士师不尽职,
该怎么办?齐宣王说撤掉他。当孟子问到若国家治理不好,又该
如何呢?齐宣王便转移话题了。君以利民为职分,君不实施仁义,
不视民如父母,是"残贼之人"。在孟子看来,汤放桀、武王伐
纣,无弑君之名,只是诛一夫罢了。臣以万民忧乐为职,天下非
一人所能治,官为分身之君。

若君有缺失(但尚可补救,悔过后能承继尧舜之道),宰相可
摄位主政,补救政体之阙失。伊尹"相汤以王于天下",他说"予
不狎于不顺"[1],于是把太甲放逐到桐邑,民心大悦。太甲思过,
"听伊尹之训己",伊尹便恢复了他的王位,民心亦大悦。伊尹、
周公摄政,为生民计,"以宰相而摄天子",传为一代佳话。

有人问孟子:"其君不贤,人臣可以放逐君主吗?"孟子说:
"有伊尹之志则可,无伊尹之志则篡也。"[2] 伊尹之志以天下为事,
辅君为尧舜之君,教民为尧舜之民。他说:"予将以斯道觉斯民
也……思天下之民匹夫匹妇有不被尧舜之泽者,若己推而内之
沟中。"[3]

其二,孟子说"惟大人为能格君心之非"[1],若逢君之恶则其

1 2 《孟子正义》,第 925 页。

3 《孟子正义》,第 654—655 页。

罪大。在君臣论的基础上，孟子对"恭""敬"二字的解释别具一格，他说："责难于君谓之恭，陈善闭邪谓之敬。"[2] 当景子怀疑孟子不敬时，孟子以尧舜之道陈述于齐王，他说："齐人莫如我敬王。"孟子的思想比较激进，他说："贼仁者谓之贼，贼义者谓之残。"[3] 不行仁义之君为"一夫"，诛"一夫"有何不可呢？贵戚之卿可使国君易位，"君有大过则谏，反覆之而不听，则易位"。在孟子看来，贤人乐道忘势，大人尽可藐之。"说大人则藐之，勿视其巍巍然……在彼者，皆我所不为也。在我者，皆古之制也。吾何畏彼哉？"[4]

君臣既以天下为事，那么他们之间的关系如何呢？黄宗羲说："以天下为事，则君之师友。"他的此番议论与孟子的思想不无关系。孟子认为，贤士乐道忘势，"王公不致敬尽礼"，不得亟见，"见且由不得亟，而况得而臣之乎"[5]。因贤者为得道之人，于是子思说："以德，则子事我者也，奚可以与我友？"难怪子思责怪鲁缪公礼数不周了。

既然王公需向贤者致敬尽礼，那么在孟子看来，怎样才算尽礼呢？孟子离开齐国时，同样希望齐王礼待自己。他认为王公尊敬贤人应如鲁缪公对待子思一般，他说："鲁缪公无人乎子思之侧。"[1] 因敬师与敬贤者，天子不召师，诸侯不召贤士。汤欲见伊

---

1 2 3 4 5 《孟子正义》，第 525 页、第 489 页、第 145 页、第 1014—1017 页、第 888 页。

尹,使人以币聘,待"三使往聘之"[2],伊尹才"就汤而说之,以伐夏救民"。

陈子问"何如则仕"时,孟子回答:"所就三,所去三。"[3]孟子最看重的是第一项的就与去,王公"迎之致敬以有礼,言将行其言",则就。即使礼貌未削减,但言不行,则去。孟子也是按第一项的说法去做的,"千里而见王,不遇故去"[4],臣"谏于王而不用,致为臣而去"[5]。《礼记·曲礼下》记载:"为人臣之礼不显谏。三谏而不听,则逃之。"《公羊传·庄公二十四年》:"三谏不从,遂去之。"孟子也说:"有官守者,不得其职则去。有言责者,不得其言则去。"[6]但他认为段干木"逾垣而辟"、泄柳"闭门而不内"的做法有些过了。

王公居势、贤人得道,"道"与"势"的抗衡形成了贤士与王公间师、友、事三类关系的架构。当"道"与"势"冲突时,孟子以礼寻求君、士和谐共处的方法。子思以师自居,当鲁缪公不以师礼待他,子思便不悦了。尊贤有道,当国君不以其道奉养君子,君子必不接受。缪公之使者以君命亟馈鼎肉,"使己仆仆尔亟拜也",如此照顾君子如同蓄养犬马,因而子思不愿接受。"缪公之于子思也,亟问,亟馈鼎肉,子思不悦,于卒也,摽使者出诸大门之外,北面稽首再拜而不受。曰:'今而后知君之犬马

---

1 2 3 4 5 6 《孟子正义》,第305页、第654页、第863页、第306页、第268页、第269页。

畜伋。'"¹

在孟子看来，若悦贤不能举，也需遵循善养之道，为此他提出了国君养贤之礼："以君命将之，再拜稽首而受。其后廪人继粟，庖人继肉，不以君命将之。"² 从养贤之礼中，我们可以看到贤人的自尊、自重精神。孟子说："食而弗爱，豕交之也。爱而不敬，兽畜之也。恭敬者，币之未将者也。恭敬而无实，君子不可虚拘。"³ 与人交往时，君子最重恭敬，厌恶"恭敬而无实"，更何况是不恭敬之事了。尧如何尊贤呢？"尧之于舜也，使其子九男事之，二女女焉，百官牛羊仓廪备，以养舜于畎亩之中，后举而加诸上位。"⁴

臣与士不同，臣有臣礼，因孟子有时游离在政治体制之外，而"绰绰然有余裕"。孟子非常重视诸侯致敬之礼。良禽择木而栖，若诸侯不以礼相待，则贤士避让。齐王派人说："我有寒疾，无法前去拜访你，你能来拜见我吗？"孟子推辞说："不幸有疾，不能造朝。"后来齐王派医生前去探视孟子，孟仲子希望孟子觐见齐王，但孟子躲到景丑家去了。景子不解地说："外则君臣，人之大伦。"由此他质疑孟子对王不敬，但孟子说："大有为之君，必有所不召之臣，欲有谋焉则就之。"⁵

贤人以道自任，则持有君子特有的尊严，君子不可获取。古

---

1 2 3 4 5 《孟子正义》，第 713 页、第 717 页、第 936—937 页、第 719 页、第 260 页。

人虽欲出仕，但"恶不由其道"。当有人问百里奚是否自鬻以成其君，孟子说，"乡党自好者不为"，贤人岂为之？"仕非为贫也，而有时乎为贫……为贫者，辞尊居卑，辞富居贫"[1]，若因贫困出仕，做抱关击柝的事就可以了。士以道自任，"君子之事君也，务引其君以当道，志于仁而已"[2]。出仕即是助君行道，道不行则去，"立乎人之本朝而道不行，耻也"[3]。鲁平公将见孟子，臧仓说孟子"后丧逾前丧"，他不是贤者，您就不要去了。鲁平公听从了臧仓的建议。鲁平公不仅轻信臧仓，而且没有深察孟子"后丧逾前丧"的真正原因，以致与贤人失之交臂。"道"不同自然不相遇，岂是一个臧仓能阻止的？孔子说："道不同，不相为谋。"[4]诸侯遇贤人，必同道而行。百里奚离开虞公，是择君而行。孟子与齐王因道不合而不相遇，最终孟子坦然离去。

"贵德而尊士，贤者在位，能者在职"[5]，除了要求王公"尊贤使能"，对贤人尽致敬之礼，孟子对君王的具体职责论述并不多，他说："民为贵，社稷次之，君为轻。"[6]国君"信仁贤"，则不必事必躬亲，干扰贤士治政。文中提到的"正己""反求诸己"等修养方法也适用于国君。"射者正己而后发，发而不中，不怨胜己者，反求诸己。"[1]"子路人告之以有过则喜，禹闻善言则拜。

---

1 2 3 5 6 《孟子正义》，第 707—708 页、第 854 页、第 709 页、第 223 页、第 973 页。
4 《论语集释》，第 1126 页。

大舜有大焉，善与人同。"[2] 孔子说："君使臣以礼，臣事君以忠。"[3] 孟子的看法与孔子的主张是一致的，至于荀子，其论述愈加详细和具体了，他在《君道》篇里说，人君"以礼分施，均遍而不偏"，"君者仪也，民者景也，仪正而景正"。国君务在修身，未闻为国。

孟子主张君臣分工而治，贤明的君主应该放手让人臣做他所擅长的事，而不应以自己的欲望干涉其治政。孟子先以工师为例，听到工师得到大木时，国君心生欢喜，当匠人把大木砍小了，国君却变得愤怒起来，以为工师不能胜任其职。在专业领域，工师比君王更懂得取舍，而君王却干涉了他职责外的事务。若有价值不菲的璞玉，国君必请玉匠雕琢，而人臣治政时，国君却说："'舍女所学而从我'，则何以异于教玉人雕琢玉。"[4]

综上所述，"友，君臣之道"与"贵德而尊士"都反映了"友"的内涵，孟子不仅认同了君臣主于义与"贤贤"的主张，他还强调了致敬之礼。儒家"创发了中国的自由社会"[5]，不仅体现在德与位相匹配的主张上，而且体现在"礼"的规定上，也就是说，"礼"以规范的形式保证了德与位相衬的思想。通过王公致敬之礼，尊贤与"君臣相友"的精神得以真正实现，在儒家的努力

---

1 2 4 《孟子正义》，第239页、第240页、第148页。

3 《论语集释》，第197页。

5 《学术与政治之间》，第268页。

下，中国式自由社会的构建得到逐步展开。

三、"同悦而交，以德者"与"友其德"

（一）"悦"与"乐"

对比《论语》论朋友之道，《郭店楚简》在关于与人交往的论述中融进了"悦"的情感和"心"的参与，《性自命出》篇对"悦"的情感极为重视，"凡人情为可悦也"[1]，人以真情示人皆会令人喜悦。"真情流露是儒家精神的重要内容，真情流露就是率性。"[2] 孔子之学的重要内容就是顺人情，它承认喜怒哀乐等情感的自然存在，不去压制，而主张适度地抒发。乐的态度源于安和自在的心境，"不安则不乐，不乐则无德"，而"无中心之悦则不安"。

"悦"是一种美好的情感体验，交友要重视"悦"的快乐感受。先秦儒家文献里有不少有关"乐"和"悦"的文字，子曰："饭疏食饮水，曲肱而枕之，乐亦在其中矣。"[3]《论语》里子路、冉有、曾点等人对自己志向和理想的回答引起了众多学者的重视，其他人都不约而同地谈到了治理国家、礼乐教化，唯曾点的想法

1　《郭店楚简校释》，第91页。

2　庞朴：《孔孟之间——郭店楚简的思想史地位》，《中国社会科学》1998年第5期。

3　《论语集释》，第465页。

得到了孔子的赞誉，曾点说："莫春者，春服既成，冠者五六人，童子六七人，浴乎沂，风乎舞雩，咏而归。"[1] 曾点的理想蕴含着儒家的真精神——自由、率性，"悦"与"乐"的体验跃然其中，与孔子的追求不谋而合。

"悦"与"乐"的境界似乎不可言说，似是儒家最重要的精神特征。孟子说："可欲之谓善，有诸己之谓信，充实之谓美，充实而有光辉之谓大，大而化之之谓圣，圣而不可知之之谓神。"[2] 舜"乐而忘天下"，颜回"一箪食，一瓢饮，在陋巷。人不堪其忧，回也不改其乐"，其中"悦"与"乐"的感受似与"神"同在。在论君臣之事时，《郭店楚简》说臣"不悦，可去也"，字里行间跃动的是人臣怎样的自由与率性？普通的一个"悦"字竟蕴含着无尽的魅力与人性的光辉，自此先秦儒者的言语在想象中不再是生硬的说教，而是面对面的娓娓而谈。

"悦"是最顺乎人心的美的体验，是善的行为的动力支持，可以说如果人人做到了无"悦"不行，世界便是一片诚明之境。王畿谈"圣人之乐"时，说其"本是活泼，本是洒脱，本无挂碍系缚"[3]，孟子曰："大人者，不失其赤子之心。"[4] 大人重返赤子之心便能较容易地体会到"圣人之乐"了，小孩子天真、活泼，是

---

1 《论语集释》，第 806 页。

2 4 《孟子正义》，第 994 页、第 556 页。

3 （清）黄宗羲：《明儒学案》，中华书局 2008 年版，第 244 页。

儒家追寻的根本，但不是全部。孟子的学说将自我的体验作为处世的前提，这恰是儒家可贵的精神特质。"凡人虽有性，心无定志，待物而后作，待悦而后行。"[1] "凡动性者，物也；逆性者，悦也。"[2]《韩诗外传》卷九谓："见色而悦谓之逆。"[3]逆即自然顺应之义，悦即顺应天性的情感。"凡见者之谓物，快于己者之谓悦"[4]，悦也是使自己快乐的情感。"悦"的自然情感与德相来往，终成得道者的"孔颜乐处"。

《郭店楚简》提到的"交"包含各类人群的交往，因而也涉及交友。孔子讲"益者三乐"，其中之一便有"乐多贤友"。在交往中，子思之儒看重的是朋友的品德，因品德高尚而达到彼此同心而悦，是交友的真境界。"同悦而交，以德者也。不同悦而交，以猷者也。"[5] "德"在楚简的地位很高，"德，天道也"，"德之行五，和谓之德"[6]。仁、义、礼、智、圣构成了德的内涵。以德交往是《郭店楚简》对交往的至高期许，以德交即以天道交。

"德"与"悦"有着内在关联，无"悦"则必无"德"。"无中心［之悦则］不安，不安则不乐，不乐则无德。"[7]而"悦"由"中心"产生。"以其中心与人交，悦也。中心悦，播迁于兄弟，

---

1 《郭店楚简校释》，第88页。

2 4 《郭店楚简校释》，第89页。

3 《郭店楚简校释》，第94页。

5 《郭店楚简校释》，第91页。

6 7 《郭店楚简校释》，第69页。

戚也。戚而信之，亲［也］。亲而笃之，爱也。爱父，其继爱人，仁也。"[1] 以"中心"与人交往，才有"悦"的体验，"中心悦"是仁爱产生的基本条件。孟子说："以德服人者，中心悦而诚服也。如七十子之服孔子也。"[2]

（二）"君子之友也有向"

《郭店楚简》主张"君子之友也有向"，即君子交友是有准则的，"同悦而交，以德者也"。彼此衷心喜悦地交往，一定因为品德高洁而接近，这与《论语》"友其士之仁者"的观点一致。"子曰：唯君子能好其匹，小人岂能好其匹。故君子之友也有向，其恶有方。此以迩者不惑，而远者不疑。《诗》云：'君子好逑。'"[3] "匹"意为同道朋友，孔子说只有君子能喜欢他的朋友，所以君子同谁交友是有准则的，厌恶谁也是有道理的。

君子不与小人交往，王良说"我不贯与小人乘"，"羞与射者比"。迎合小人的心意，无疑"枉道而从"。至于"胁肩谄笑""面而不心"，比顶着炎炎烈日浇灌菜园还要辛苦。子路说，"未同而言，观其色赧赧然"是一件令人厌恶的事。"与谗谄面谀之人居，国欲治，可得乎？"[4] "谗谄面谀之人"有害于国家。扬雄说：

---

1 3 《郭店楚简校释》，第71页、第51页。
2 4 《孟子正义》，第221—222页、第862—863页。

“朋而不心，面朋也；友而不心，面友也。”[1] 朋友贵在交心与以诚相待。东晋葛洪也说，朋友之交不宜浮杂。“必取乎直谅多闻，拾遗斥谬，生无请言，死无托辞，始终一契，寒暑不渝者。”[2] 以下几类人不与交结：“虽位显名美，门齐年敌，而趋舍异规，业尚乖互者……或有矜其先达，步高视远，或遗忽陵迟之旧好，或简弃后门之类昧，或取人以官而不论德，其不遭知己，零沦丘园者，虽才深智远，操清节高者。”[3]

亚里士多德将友爱划分为三类，即有用的、感官快乐的与德性的友爱。有用的与感官快乐的友爱不容易长久维持，因为“一个朋友之所以被爱，并非由于他是个朋友，而由于他们有的能提供好处，有的能提供快乐。所以，这样的朋友很容易散伙，难于长久维持。因为，他们如不再令人快乐和对人有用，友爱也就此终止了”[4]。德性的友爱则恒常如一，“他们互相希望在善上相类似。作为善的人，他们都是就其自身而善的。那些为了朋友自身而希望朋友为善才最是朋友，因为，他们都是为了朋友的自身，而不是出于偶性。只要善不变其为善，这种友谊就永远维持。只有德性才是恒常如一的。”[5] 亚里士多德指出，“爱着朋友的人就是爱

1　汪荣宝：《法言义疏》，中华书局1987年版，第34页。

2　杨明照：《抱朴子外篇校笺》（上），中华书局1991年版，第431页。

3　《抱朴子外篇校笺》（上），第420页。

4 5　《尼各马科伦理学》，中国人民大学出版社2003年版，第166页、第167页。

着自己的善"，朋友也是另一个自身。

孔子关于交友对象的"仁"的品质与亚里士多德认可的朋友的德性是相通的，不过亚里士多德论述得较有逻辑。亚里士多德在德性的层面上进一步提到了思辨的幸福、理智、存在与灵魂，对应"德性"的词汇有"仁""威仪"等。"与为义者游，益。与庄者处，益。""与慢者处，损。与不好学者游，损。"[1] 交友不离"好仁"之心，朋友之间应以"威仪"的人格相互联系，不应为了利益轻易地与贫贱朋友绝交。"子曰：轻绝贫贱，而重绝富贵，则好仁不坚，而恶恶不著也。人虽曰不利，吾弗信之矣。《诗》云：'朋友攸摄，摄以威仪。'"[2]

孟子认为交友的真意即"友其德"。"友其德"告诉人们，在交友的过程中，内心绝不能夹杂年龄、地位、财富等外在因素，一定因对方的德行相交。建立在"友其德"基础上的交友才是人与人真诚的交往，君子选取朋友必待己察，不因别人的毁誉而改变原则。

"友其德"是交友的前提和基础，即使在君臣之间，也一定因对方的德行交往，德行是交友的本质，交友的目的在于弘道。在《孟子·万章章句下》里，万章就友道提出了一系列问题。"万章问曰：'敢问友。'孟子曰：'不挟长，不挟贵，不挟兄弟

---

1 2 《郭店楚简校释》，第208页、第67页。

而友。友也者，友其德也，不可以有挟也……舜尚见帝，帝馆甥
于贰室，亦飨舜，迭为宾主，是天子而友匹夫也。用下敬上，谓
之贵贵；用上敬下，谓之尊贤：贵贵尊贤，其义一也。"[1] 孟子
是在遵循礼仪等级的基础上来谈交友，他举了四个例子来说明不
同身份的人交友都需要符合"友其德"的原则，它们分别是世家
子弟交友、小国国君交友、大国国君交友和天子结交平民。我们
可以看到，孟子的侧重点在有等级差别的人互相结交上，既然结
交的双方在身家地位上有差别，那么在上者很容易倚仗自己的优
势与地位，这种"挟"的情况就是孟子所认为必须避免的。这
样一来，上下结交的重点何在呢？那就是"友其德"，个人要想
在道德上有所增益，不仅要加强自我修养，同时也要结交有德
之人。

公都子问孟子为何不礼待滕更，孟子说："挟贵而问，挟贤而
问，挟长而问，挟有勋劳而问，挟故而问，皆所不答也。滕更有
二焉。"[2] 滕更有"挟"而问，因他无礼，孟子才不理会他。继孔
子"友其士之仁者"和《郭店楚简》"同悦而交，以德者"的观点
后，孟子明确提出了交友要建立在"友其德"的基础上。在《孟
子·离娄章句下》里，孟子讲了子濯孺子的故事，这个故事给我
们的启示是，交友应交端正之人，即"取友必端"，取友不端，则

---

1 2 《孟子正义》，第 690—695 页、第 946 页。

反生祸患。

士人有自己的操守，其操守决定了对交友对象品质的选择。貉稽说："稽大不理于口。"孟子说："无伤也，士憎兹多口。《诗》云：'忧心悄悄，愠于群小。'孔子也。'肆不殄厥愠，亦不殒厥问'，文王也。"[1] 孟子告诉貉稽，即使被很多人批评也不要忧虑。孔子也曾"愠于群小"，"厄于陈、蔡之间，无上下之交也"[2]。大丈夫"居天下之广居，立天下之正位，行天下之大道，得志与民由之，不得志独行其道，富贵不能淫，贫贱不能移，威武不能屈"[3]。如此气节，小人岂能称道？"乡愿"之人"非之无举也，刺之无刺也，同乎流俗，合乎污世，居之似忠信，行之似廉洁，众皆悦之，自以为是，而不可与入尧舜之道"[4]，君子耻之。君子不为贼德之行，更不与便佞、利口之人交友。

（三）"尚友"

"尚友"即与古圣贤为友，是"友其德"的具体表现。孟子谓万章曰："以友天下之善士为未足，又尚论古之人，颂其诗，读其书，不知其人可乎？是以论其世也。是尚友也。"[5] "尚"通"上"，在孟子看来，"尚友"即与古圣贤为友。纵观《孟子》整个文本，"尚友"是在修身、齐家、治国、平天下方面与圣人、贤人做真正的学习交流，如能做到，实是读书人的至高境界。孔子也

---

1 2 3 4 5 《孟子正义》，第979—980页、第978页、第419页、第1031页、第726页。

说"信而好古",即喜好古圣贤的作为。

"尚友"与儒家的道统观念有密切的联系,"尚友"的目的在于继承古圣贤的为人和德行,是"士志于道"的表现。韦政通考证孟子把古帝连成了一条系统,其证据有三:"第一个证据见于《离娄下》,孟子分论诸帝的德行和为人,他们的顺序是:禹—汤—文王—武王—周公。第二个证据见于《滕文公下》,孟子提出一治一乱的历史观,而所有的古帝都代表历史上的治世。他们的顺序是:尧—禹—周公—孔子。第三个证据见于《尽心下》,孟子从古史中提出证据,以证明'五百年必有王者兴'之说。顺序是:尧—禹—汤—文王—孔子。"[1]李春青教授曾对"尚友"有段评论:"这里孟子真正想要表达的意思是'交友之道'。……'尚友'的根本之处在于将古人看成是与自己平等的精神主体。与古人交流对话的目的当然是向古人学习,以使自己的品德更加高尚。所以,'知人论世'之说实质上是向古人学习美好品德的方式,用今天的话来说就是将古人创造的精神价值转化为当下的精神价值。这绝不仅仅是一种解诗的方式。"[2]

《四书章句集注》称:"论其当世行事之迹也。言既观其言,则不可以不知其为人之实,是以又考其行也。夫能友天下之善士,其所友众矣,犹以为未足,又进而取于古人。是能进其取友之道,

---

1 韦政通:《中国思想史》,上海书店出版社 2004 年版,第 198 页。

2 李春青:《诗与意识形态》,北京大学出版社 2005 年版,第 200 页。

而非止为一世之士矣。"[1]孟子"尚友"的表现为"颂其诗""读其书",进而"论其世"并"知其人",朱熹的注解较好地诠释了孟子友道的真义,他认为孟子以"友天下之善士"之"未足",进而友于古圣贤,"观其言""考其行""论其当世行事之迹"的同时了解其为人,与古圣贤交友的理想才可能实现。

　　上文详细地对《郭店楚简》和孟子的"君臣相友"思想做了比较分析,着重探讨了"友"与君臣的关系,这一研究工作要说明的问题是:今人提及的朋友与最初"朋友"的含义已相去较远,据相关资料,古时朋友与士有着"亲昵"与"辅佐"的关系,"友,君臣之道"这一命题的提出并不是出于偶然。"友,君臣之道"为儒家友朋观增添了新的内容,它建构了君臣之间以友相待的新型关系,孟子在此基础上进一步提出了臣以"师、友、事"与君交往的主张,君臣彼此遵守规范的相互性反映了早期儒家在"友道"方面的平等思想。《郭店楚简》和孟子所说的朋友关系是以德性为基础的互助关系,曾子曰:"君子以文会友,以友辅仁。"无论是"同悦而交,以德者"还是孟子主张的"友其德",都将"德"视为"友"的必备品质,这体现了儒家"以友辅仁"和以友证道的思想。

---

1 《四书章句集注》,第 329 页。

第三节　"隆师而亲友"：荀子的友朋思想

荀子对人性和世事敏锐而准确的洞察，常使人由衷地赞叹。时至今日，《荀子》一书博大精深的内容、指导现实的意义与价值，仍不可小觑。《荀子》融合了儒家、道家等各个学派的真知灼见，其观察问题的视角与思维方式较同时代的著作更有特色，因而庞朴先生评价它说："这些作品，涉及当时学术的所有主要领域，其方面之广，论证之精，为先秦任何个人著作所不及。"[1]

曾子曰："君子以文会友，以友辅仁。"在这里"友"与孔子思想的重要范畴"仁"紧密联系起来，"友"有辅助"仁"的功用。孟子对"爱""仁""亲"三字的使用场合进行了界定。他认为"爱"适用于物，仁对应于民。孟子说："君子之于物也，爱之而弗仁；于民也，仁之而弗亲。"因此他讲求"亲亲而仁民，仁民而爱物"[2]。若把"以友辅仁"中的"友"理解为辅佐国君之友，则"辅仁"有辅君仁民之义，加之参考相关史实，这种阐释倒也十分有趣。友朋之道在儒家思想中的地位非同一般，传世三十二篇的《荀子》也有一些对友道的论述。

1　庞朴：《荀子发微》，《东岳论丛》1981 年第 3 期。

2　《孟子正义》，第 949 页。

　　《荀子·劝学》有大量关于求学的文字。求学的过程既包含君子博学与每日的"参"验，又包括环境或外物对他施加的影响，良师益友是起积极作用的外因之一。"君子博学而日参省乎己"中的"参"字含义丰富，本文暂取"参验"之义，其实这里的"参"字远非"参验"一义能说清楚，只求尽可能地接近原义。孔广森说："参己者，学乎两端，以己参之。"[1] 君子博学的内容浩繁，有的来自生活，有的来自"先王之遗言"或师友，而人们需以己参验并笃行实践。

　　《论语》的首句"学而时习之"与荀子"君子博学而日参省乎己，则知明而行无过矣"[2] 有着异曲同工之妙，孔子谈到了学与习，而荀子提到了学与行。"学而时习之"这句话历来注解较多。焦循解释"时"说"当其可之谓时"（《论语补疏》），庞朴先生非常赞同焦循的解释，他说这里的"时"与《孟子》"圣之时"的"时"含义相同，"习"与"性相近，习相远"的"习"字同训，有诗曰："物其有矣，惟其时矣。""学"与"习"同是"己"的行为，博学并因时实践（所学）是一件快乐的事，这种解释更符合人的一般心理。

　　"不闻先王之遗言，不知学问之大也"[3]，"闻先王之遗言"即受教于先王，它与孟子的"尚友"思想一致。孟子说："以友天

------

1 2 3　《荀子集解》，第 2 页。

下之善士为未足,又尚论古之人。颂其诗,读其书,不知其人,可乎?是以论其世也。是尚友也。""干、越、夷、貉之子,生而同声,长而异俗,教使之然也"[1],荀子认为"生而同声,长而异俗"的根源在于受教不同,因而他很重视后天的教化。教化与人们所处的环境密不可分,"君子生非异也,善假于物也"[2],这个被"假"的物指的就是君子所处的环境。"蓬生麻中,不扶而直……故君子居必择乡,游必就士,所以防邪僻而近中正也。"[3]在这段话中,荀子首次提出了他的交友思想:君子"游必就士"。子贡问为仁时,孔子说:"事其大夫之贤者,友其士之仁者。"可见事贤友仁对于培养仁德非常重要,孟子也说:"尧舜之仁,不遍爱人,急亲贤。"[4]"居必择乡,游必就士"有助于君子自身的持养与为政。

"取友善人,不可不慎,是德之基。"[5]荀子认为君主选择臣属和普通人选择朋友要以道为原则,应十分慎重,这是因为选臣、取友是成就德行的基础,如果与小人相处,则有损道德。"君人者不可以不慎取臣,匹夫不可以不慎取友。"有时荀子把"友"解释为"相有",朋友必为同道,"道不同,何以相有"?"均薪施火,火就燥;平地注水,水流湿。"物以类聚、人以群分,以友观人可知人的品性,"不知其子视其友,不知其君视其左右"[6]。

---

1 2 3 5 6 《荀子集解》,第3页、第5页、第6—7页、第607页、第531页。
4 《孟子正义》,第950页。

　　继《郭店楚简》"友，君臣之道"和孟子"师、友、事"的主张后，稷下学宫"最为祭酒"的荀子又是如何看待君臣关系的呢？谭嗣同说程、朱为荀学之云礽，"岂足骂哉"！荀子与程、朱论君臣之道的观点果真"岂足骂哉"？为了解决心中疑问，我们不妨仔细阅读一下《荀子》的相关内容。在荀子看来，君臣应有怎样的职分与行为规范呢？书中的《君道》与《臣道》两章已作了非常细致的解答。

一、从"师、友、事"到"从道不从君"

（一）君道知人，臣道知事

　　荀子是如何论述君道的呢？问及为国时，荀子说："闻修身，未尝闻为国也。君者，仪也，仪正而景正；君者，槃也，槃圆而水圆；君者，盂也，盂方而水方。君射则臣决。"[1] 君王谨于修身，民众百官便可自正。孔子说："其身正，不令而行；其身不正，虽令不从。"[2] "为政以德，譬如北辰居其所而众星共之。"[3] 君王修身以德，则朝廷内外皆以德行事。谈到君王修身时，荀子举了一个生动的事例，"楚庄王好细腰"，宫中就会有饿肚子的人，"君者，民之原也，原清则流清，原浊则流浊"[4]。类似的

---

1 4 《荀子集解》，第 277 页。
2 3 《论语集释》，第 901 页、第 61 页。

论述可参见《墨子》，墨子深明上行下效之理，所以当有人提到墨子的"兼相爱"难以实现时，墨子回应说，"上说之者，劝之以赏誉，威之于刑罚"[1]，"兼相爱"就不难实行。君主之道在于知人，人君需"以礼分施，均遍而不偏"[2]，"爱民而安，好士而荣"[3]。

荀子在《大略》中着重指出："天之生民，非为君也。天之立君，以为民也。故古者列地建国，非以贵诸侯而已；列官职，差爵禄，非以尊大夫而已。"[4]这段话清晰地反映了荀子的君民及君臣思想，这也是早期儒家对君、臣、民的朴素认识，在这一点上，可以说荀子与孟子、黄宗羲、谭嗣同等人达成了共识。

谈论君臣之道时，孟子多循礼而论，在这一方面荀子也有一些对君臣之礼的阐述，例如他说："君于大夫，三问其疾，三临其丧。"[5]生命之深密处乃礼之根本，礼以顺人心为本，君能待臣以礼，则表明了君主对人臣的尊敬与友善。"诚"是君主尊贤的根本，言语"用贤"而行为"却贤"，难怪贤者不至、不肖者不退？主道在于知人，则君主不可以不慎取臣。"士有妒友，则贤交不亲；君有妒臣，则贤人不至。"[6]鲁哀公问怎样择人时，孔子建议："无取健，无取钻，无取口啍。健，贪也；钻，乱也；口啍，诞也……士信悫而后求知能"[7]，士不信悫而多智能，其犹如豺狼

---

1 《墨子闲诂》，第126页。

2 3 4 5 6 7 《荀子集解》，第275页、第279页、第595页、第584页、第588页、第643—644页。

而不可亲近。

论臣道时，荀子说"臣道知事"，人臣需"以礼侍君，忠顺而不懈"[1]。荀子分析问题常立足于现实和经验，其总结的事实接近于人的认知与感悟，因而荀子对臣道的论述比孟子更加直观、有条理。

他把国君分为圣君、中君和暴君三类，则人臣有三种作为与之相适应，它们分别是"有听从，无谏争""有谏争，无谄谀""有补削，无挢拂"。事圣君"以顺上为志"，事中君"忠信而不谀、谏争而不谄"，事暴君则"晓然以至道而无不调和"。因君惧改其过，因君忧辨其故，因君喜入其道，因君怒除其怨，人臣务在"曲得"。为臣也需"有谏而无讪，有亡而无疾，有怨而无怒"[2]。

由上述议论我们可以略知谭嗣同抨击荀子君统的要处：事暴君却"无挢拂"，仍"调而不流，柔而不屈，宽容而不乱……能化易，时关内之"[3]。依古礼来看，一般人臣立于暴君之廷，要么补削，要么离开。为臣"从命而不拂，微谏而不倦"[4]，此处的"微谏"如同孔子提到的讽谏，有"谏而不露"之意。《春秋繁露》也说："《春秋》之义，臣有恶，擅名美。故忠臣不显谏，欲其由君出也。"[5]何况"挢拂"之事不是一般人臣所能为。居于暴国，若

---

1 2 3 4 《荀子集解》，第275页、第584页、第297页、第299页。
5 曾振宇、傅永聚注：《春秋繁露新注》，商务印书馆2010年版，第37页。

不位于朝廷，亦可安身而独行其道，至于“扬其善，违其恶”的做法恐怕也出于礼制，“礼，居是邑，不非其大夫”[1]。由此可见，谭嗣同对荀子的批判并不恰当。

仁者敬人，“贤者则贵而敬之，不肖者则畏而敬之；贤者则亲而敬之，不肖者则疏而敬之”[2]。敬不肖者的主要原因在于仁者不愿轻易“灾及其身”。“忠信端悫而不害伤”是仁人的特点，我们从《荀子》一书中感受到的不张扬与曲行，也是仁者的特征。荀子曾说：“宗原应变，曲得其宜，如是，然后圣人。”[3]

谈“事暴君之义”时，荀子说：“晓然以至道而无不调和。”[4]“若驭朴马，若养赤子……因其惧也，而改其过。”[5]看到这些语句，读者可能感到他的见解与孟子存在一些不同，为何荀子的主张这般柔和？是否缺少了些浩然之气？荀子讨论的为臣之道与君子的品格有着怎样的关联？翻阅《荀子》，我们不难发现，“以义变应，知当曲直”是君子遵循的处世原则。在“以义屈信变应”信念的指导下，君子的为臣之道也就不难理解了。君子“易惧而难胁，畏患而不避义死”，“其远害也早，其避辱也惧”，但“其行道理也勇”。君子拥有各类卓然的品质，当直则直，因时“曲得”。

在《尧问》篇中，我们读到这样一句话：“时世不同，誉何由生？”那么荀子所处的时世是怎样的呢？荀子说：“仁者绌约，

---

1 2 3 4 5 《荀子集解》，第 627 页、第 301 页、第 124 页、第 297 页、第 298 页。

天下冥冥，行全刺之，诸侯大倾……君上蔽而无睹，贤人距而不受。"[1]"既明且哲，以保其身"无疑是一种常道，因而荀子"蒙佯狂之色，视天下以愚"。或许上述文字可以解答荀子别样的为臣之道。

在以民为本的前提下，君谨于修身，以选贤、任能为己任，"以礼分施，均遍而不偏"。臣道知事，"以礼侍君，忠顺而不懈"。君道知人、臣道知事，强调的是君与臣的职责，且君、臣应各遵其职，不涉他务，此处反映的便是君臣分工合作的主张。君臣分工而治是"友，君臣之道"的具体表现。荀子的这一看法与孟子的观点比较接近，孟子也主张君臣间的合理分工。在君臣合力为民的基础上，君臣分工而治既是"君臣相友"的表现，又是君臣有义的内容之一。

值得注意的是，在论述君臣之道时，荀子特别强调君与臣均需依礼而行，君"以礼分施，均遍而不偏"，臣则"以礼侍君，忠顺而不懈"。以礼相待是荀子君臣思想的特色。君待臣以礼，臣以礼事君，君臣遵礼而行便切实践行了"君臣相友"、君臣有序的思想主张。论人群职责时，荀子也强调了"礼"的功用，这是他的思想的鲜明之处。有人问："兼能之奈何？"他回答："审之礼也。"荀子认为守礼便能实现各类人群的职责。荀子说"礼有三本"，天地为"生之本"，先祖为"类之本"，君师为"治

---

1 《荀子集解》，第653页。

之本"。礼能够"上事天,下事地,尊先祖,而隆君师",不可
偏废。

(二)"从道不从君"

我们再看一下,荀子是如何定义顺、谄、忠、篡、谏、争、
辅、拂的。他解释说:"从命而利君谓之顺,从命而不利君谓之
谄;逆命而利君谓之忠,逆命而不利君谓之篡"[1];"用则可,不
用则去"谓"谏","用则可,不用则死"谓"争";"有能比知同
力,率群臣百吏而相与强君挢君……成于尊君安国"[2]谓"辅",
"有能抗君之命,窃君之重……攻伐足以成国之大利"[3]为"拂"。
国贼则"不恤君之荣辱,不恤国之臧否,偷合苟容,以持禄养交
而已"[4]。

荀子把"忠"分为三类,"以德复君而化之"为大忠,"以德
调君而补之"为次忠,"以是谏非而怒之"为下忠。荀子又详细解
释了"通忠之顺"与"权险之平",他认为此二者"非明主莫之能
知"。"通忠之顺"的表现为:"争然后善,戾然后功,出死无私,
致忠而公。"[5]"权险之平"的体现为:"夺然后义,杀然后仁,上
下易位然后贞,功参天地,泽被生民。"[6]荀子赞同"从道不从
君"的古训,他说谏争辅拂之人是社稷之臣、国君之宝,所以他

---

1 4 《荀子集解》,第 294 页。

2 《荀子集解》,第 294—295 页。

3 《荀子集解》,第 295 页。

5 6 《荀子集解》,第 303 页。

由衷地盼望谏争辅拂之人能立于君侧，而君王也能尚贤使能。他还说："君子立志如穷，虽天子三公问，正以是非对。"[1] 由上述内容可知，荀子阐释的君臣之道与孟子的思想相去不远。在《子道》篇中，子贡说："子从父命，孝矣，臣从君命，贞矣。"孔子很不满意子贡的说法，于是他说："昔万乘之国有争臣四人，则封疆不削；千乘之国有争臣三人，则社稷不危；百乘之家有争臣二人，则宗庙不毁。父有争子，不行无礼；士有争友，不为不义……审其所以从之之谓孝、之谓贞也。"[2] 这段话反映了孔子对子"孝"、臣"贞"的理解，孔子非常理性地说"审其所以从之之谓孝、之谓贞"。以中庸之道为指导，辩证地分析问题，是儒家学者的思想方法。

干春松教授指出："敬贤使能、贤者居位始终是儒家的一个核心理念。"[3] 荀子曾多次提到"尚贤"的主张，他说"尚贤使能"为先王之道，"尚贤、使能，则主尊下安"[4]，君人者"欲荣则莫若隆礼敬士矣，欲立功名则莫若尚贤使能矣"[5]。"从道不从君"与"隆礼敬士"都是君臣相友的内容，君臣相友则属于"义"。

与众人的交往中，"君子易知而难狎……交亲而不比"[6]，"君

---

1 2 4 5 6 《荀子集解》，第596页、第626页、第535页、第180页、第46页。

3　干春松：《贤能政治：儒家政治哲学的一个面向——以〈荀子〉的论述为例》，《哲学研究》2013年第5期。

子难说，说之不以道，不说也"[1]。君子有"殊于世"的节操，诸侯、大夫常以势骄人，而君子不因利丧节，"士君子不为贫穷怠乎道"。子夏家贫，有人问："子何不仕？"子夏回答说："诸侯之骄我者，吾不为臣；大夫之骄我者，吾不复见……争利如蚤甲而丧其掌。"[2]子夏的故事能够说明君子不因争利而离道的信念，同时也反映了君子"志意修则骄富贵，道义重则轻王公"的特点。子路问于孔子曰："君子亦有忧乎？"孔子曰："君子，其未得也，则乐其意，既已得之，又乐其治，是以有终生之乐，无一日之忧。小人者，其未得也，则忧不得，既已得之，又恐失之。是以有终身之忧，无一日之乐也。"[3]君子乐其意即是乐其道，未仕时君子常乐于道，出仕后又乐其治道。

荀子说："上无君师，下无父子，夫是之谓至乱。"[4]在《君道》篇里，荀子分别就君臣、父子、夫妇的行为规范做了分析，他说：人君"以礼分施，均遍而不偏"[5]，人臣"以礼侍君，忠顺而不懈"；人父"宽惠而有礼"，人子"敬爱而致文"；人兄"慈爱而见友"，人弟"敬诎而不苟"；人夫"致功而不流，致临而有辨"，人妻则"夫有礼则柔从听侍，夫无礼则恐惧而自竦也"。从上述内容不难看出，荀子无论谈君道、臣道，还是论父子、夫妇的职责，他始终强调的是各类人群应分别遵守的行为规范，类似

---

1 2 3 4 5 《荀子集解》，第609页、第606页、第629页、第193页、第275页。

的主张见于《郭店楚简·六德》。

不同的人群各循本职并"反求诸己"是儒家的文化传统，它与集权的政治体制需求关系不大。清末谭嗣同等人抨击君主专制，痛骂荀子、程朱与三纲，实际上是忽略了儒家的文化传统以及它得以产生的时代背景。以西方近代的民主、平等评判古人，岂不是既忽略了文化传统，又不合历史时宜？

儒家思想自身也处于不断变化中，在《郭店楚简》中我们既能读到人臣的自由、率性，"悦，则可；不悦，可去也"，也能读到孟子"君之视臣如手足，则臣视君如腹心；君之视臣如犬马，则臣视君如国人；君之视臣如土芥，则臣视君如寇仇"。看来孟子的思想更加张扬，不过细致阅读《孟子》文本后，我们发现孟子也是在遵礼的基础上提出的疑问或反思。虽然时光不停流转，孔子主张的"君君臣臣，父父子子"依然得到了很好的继承与发展，《白虎通》提出的"三纲六纪"容纳了董仲舒的有关思想后，进一步论定了各类人群的职分。人们各行其职，"偏立而乱，俱立而治，其足以稽矣"[1]。人臣尽劝谏之责，君王反求诸己，君臣各遵其职，则治政得道。吴起以礼进谏，魏武侯闻过即改，君臣二人很好地做到了各行其职。

与《郭店楚简》、孟子的君臣之道相比，荀子的"君臣相友"

---

1 《荀子集解》，第 275 页。

思想有哪些显著特征？它对前人的思想又有哪些继承与发展呢？

第一，在以民为重的前提下，君臣各遵其职，荀子明确指出君道知人，臣道知事。孟子曾说"民为贵，社稷次之，君为轻"，虽然荀子说"天之立君，以为民也"，但他并未如孟子一般指出"君为轻"，而是说君为"民之原"，君子为"治之原"。君子为"治之原"，因而君需重视礼义、尚贤使能。第二，荀子赞同"从道不从君"的古训，在荀子看来，"道"的重要性远在君主之上。由于道义的存在，若君命不合于道，则君命可违，谏诤不可或缺。荀子尤其看重谏、争、辅、拂之人，他说这些人是"社稷之臣也，国君之宝也"。为了天下道义，为了在大处利君，人臣有相对自由的政治权利。第三，尚贤使能与"隆礼敬士"，"隆礼敬士"是"君臣相友"思想的具体体现，君主以礼待士反映了"尊贤良"的友道理想。

通过上述分析，我们不难看出，荀子与孟子的君臣思想存在较多相似之处，其主要表现在以民为重、尚贤使能与以礼敬士上，荀子虽未明确指出臣以师友的身份与君共事，但他重视谏、争、辅、拂之人的态度，加之"从道不从君"的思想，已充分表明了其追求君臣政治平等的主张，这与"友，君臣之道"的思想主旨是一致的。另外，我们还应看到，荀子在著述中也表达了他对君主的看法，他说君为"民之原"，"上无君师，下无父子，夫是之谓至乱"，这类尊君思想与《礼记》中的论述比较接近。尊君反映了儒家君臣有序的思想，它与"友，君臣之道"的主张对后世君臣思想的形成与发展影响较大。

二、"隆师而亲友"

君子"崇人之德，扬人之美"，并非诌谀；"正义直指，举人之过"，也非毁疵。参看《诗经》等其他文献，我们不难发现朋友的功用在于"朋友攸摄，摄以威仪"。在《大略》篇里，荀子描述了子贡与孔子的一段对话，在这段对话中也提到了"朋友攸摄，摄以威仪"。子贡说："赐倦于学矣，愿息事君。"孔子说："《诗》云：'温恭朝夕，执事有恪。'"事君是件困难的事，事君怎么能得到休息呢？孔子接着回答了事亲难，事妻、子也不容易，子贡又提出："然则赐愿息于朋友。"孔子说："《诗》云：'朋友攸摄，摄以威仪。'"与朋友相处是一件难事，恐怕得不到休息。

依荀子之见，交友也是一件辛苦的差事，那么与朋友交往的益处是什么呢？《子道》篇记载了一段子路与孔子的问答。子路问：有人"夙兴夜寐，耕耘树艺，手足胼胝，以养其亲"，为何没有"孝之名"？孔子说：此人"身不敬与？辞不逊与？色不顺与？"无此三者，若无"孝之名"，则很可能是他"所友非人"。孔子接着说："虽有国士之力，不能自举其身，非无力也，势不可也。故入而行不修，身之罪也；出而名不章，友之过也。"[1]君子"入则笃行，出则友贤"，不必担心没有孝顺的名声。通过以上两段对话，我们了解到了荀子对交友的认识。在荀子看来，"友者，所以相有也"，朋友"摄以威仪"离不开责善之道，"出而名不章，友之过"则表明了朋友有推贤任能的职责。

孟子称柳下惠"进不隐贤，必以其道"[2]，《韩非子》记载："群臣公正而无私，不隐贤，不进不肖。"[3]可见"不隐贤"确实是君子的品行。"出而名不章，友之过"的思想存在于先秦的一些文献中，经荀子提炼、总结后，这个观念变得更加显著了。东汉《白虎通》继承并发展了荀子的主张，它说："人本接朋结友，为欲立身扬名也。朋友之道有四焉，通财不在其中。近则正之，远则称之。"在这句话中我们注意到，"远则称之"为朋友之道，真正的朋友能够"闻流言而不信"。为什么"闻流言而不信"呢？在《大略》篇里，荀子对此有过解答：君子"是非疑则度之以远事，验之以近物，参之以平心，流言止焉，恶言死焉"[4]。何况慎交的君子对朋友已有很深的了解？荀子曾描述过晏子送别曾子的情景。临行时，晏子以忠言相告，他说："君子赠人以言，庶人赠人以财……君子之櫜栝不可不谨也。慎之！……正君渐于香酒，

---

1 4 《荀子集解》，第627页、第610页。

2 《孟子正义》，第244页。

3 《韩非子集解》，第409页。

可谗而得也。君子之所渐不可不慎也。"[1]此番话也是围绕君子择友而论，晏子希望曾子要慎重交游，"守其正节，不杂乱于小人之群类"[2]。

"师""友"在先秦思想家的论说中分量极重。在中国人的精神世界和古代社会的实际生活中，师、友的地位和功能是突出并富有价值的，而荀子对师、友的重视程度超过了其他学者，这个现象的出现有没有特殊原因呢？

论"礼"时，荀子说："礼有三本：天地者，生之本也；先祖者，类之本也；君师者，治之本也。无天地恶生？无先祖恶出？无君师恶治？三者偏亡焉，无安人。故礼上事天，下事地，尊先祖而隆君师，是礼之三本也。"[3]在这段话中，荀子明确表明了隆君师的主张："上无君师，下无父子，夫是之谓至乱。"[4]"国将兴，必贵师而重傅，贵师而重傅则法度存。"[5]《孟子》引《尚书》说："天降下民，作之君，作之师，惟曰其助上帝宠之。"[6]"宠"即爱护，可见君、师有辅助上帝、爱护百姓的职责。

面对当时混乱的社会现状，先秦时期多数思想家都在思考如何实现社会的长治久安。墨子曾说："当察乱何自起？起不相爱。"[7]

---

1 3 4 5 《荀子集解》，第 599—600 页、第 413 页、第 193 页、第 604 页。

2 （南宋）叶采：《近思录集解》，中华书局 2019 年版，第 150 页。

6 《孟子正义》，第 115 页。

7 《墨子闲诂》，第 98 页。

因此墨子主张兼相爱。与墨子一致的是，荀子也观察到了上无君师、下无父子是社会动乱的根源，他认为君臣、父子、夫妇若各循其职，社会便能得到治理。"此道也，偏立而乱，俱立而治"[1]，如何实现此道呢？

在遵循君臣、父子、夫妇之道的基础上，荀子提出了"兼能之"的实践方法，即"审之礼"。先王审礼则动无不当，君子守礼，"其于人也，寡怨宽裕而无阿；其所为身也，谨修饰而不危；其应变故也，齐给便捷而不惑；其于天地万物也，不务说其所以然而致善用其材；其于百官之事、技艺之人也，不与之争能而致善用其功……其交游也，缘义而有类；其居乡里也，容而不乱"[2]。这段话中的"于百官之事、技艺之人也，不与之争能而致善用其功"引起了有关中国文化的思考，有些学者看到中国近代的科技水平远远落后于西方，从而对中国文化的特质产生了质疑。实际上，对中国的传统文化越是了解，质疑越能得到化解。中西文化原本就是两种不同的文明类型，实在难以一比高下。孟子说："仁也者，人也。合而言之，道也。"[3]古代中国多数知识人探寻的是人道，而非技艺等单纯的科技知识。荀子明确提出君子"不与之争能而致善用其功"，"尚贤使能，等贵贱，分亲疏，序长幼……仁者，仁此者"[4]。所以，一些学者抨击中国传统文化，是

---

1 2 4 《荀子集解》，第 275 页、第 276 页、第 535—536 页。

3 《孟子正义》，第 977 页。

否足够客观、理智？

师与君拥有尊贵的地位，君、师为礼之本，那么，友的地位如何呢？在荀子的相关论述中，我们可以看到友有时与师放在一起讲，师友不可不尊亲。"隆师而亲友"[1]是荀子友朋观的显著特征，荀子之后，师、友时常见诸儒家学者的笔端，明代李贽更是提出了"言友则师在其中"的观点。在求学中，荀子说"学莫便乎近其人"[2]，"其人"就是贤师益友。"学之经莫速乎好其人"[3]，先"好其人"然后在行为上隆礼，才算是真正的为学。

荀子在《修身》篇里定义了"师""友"两个概念，可见师、友与修身关系密切。他说："非我而当者，吾师也；是我而当者，吾友也。"[4]"忠告而善道之"[5]为孔子提倡的友道，它与荀子提到的师、友的作用一致，师的劝谏、友的肯定能使人的品行更加完善。明白了茫茫人群中谁可担当"吾师"，谁能称得上"吾友"，也就远离了"谄谀我者"，君子"隆师而亲友，以致恶其贼"。在《礼论》篇中，荀子提出了"隆君师"，他认为"君师"是礼制的根本。"君"属于政统，"师"属于道统，君师并列，反映了荀子尊师重道的思想。

---

1 4 《荀子集解》，第 24 页。

2 3 《荀子集解》，第 16 页。

5 《论语集释》，第 877 页。

师、法有时也一起并提，师法是"人之大宝"，无师法则是
"人之大殃"。师法有助于人"隆积"，无师法则"隆性"。荀子
与孟子对人性的不同看法决定了其修身方法的差异。荀子说人
"生而有好利"，"有疾恶"，"有耳目之欲，有好声色"等情性，
因而"从人之性，顺人之情，必出于争夺，合于犯分乱理而归
于暴"[1]。师法之化、礼义之道能使人远离争夺，使社会"出于
辞让，合于文理，而归于治"[2]。论修身时，荀子常用"积"字，
他认为人们生而同声，最初并无差异，随后"长而异俗"，或为
小人，或为君子，只在"积"之程度。他认为百姓积善而全尽
谓之圣人，"圣人者，人之所积而致矣"[3]。有人不免疑问："圣
可积而致，然而皆不可积，何也？"荀子回答说："可以而不可
使。"意思是"可以为，未必能"。能不能成圣取决于积善的程
度。"禹闻善言则拜。大舜有大焉，善与人同，舍己从人，乐取
于人以为善。"[4]

人情是荀子用来描述性情的词语，荀子借舜的回答表达了自
己对人情的看法："人情甚不美……妻子具而孝衰于亲，嗜欲得
而信衰于友，爵禄盈而忠衰于君。"[5] 而贤者不纵性情，师法有助
于积善。

荀子在"治气养心之术"中谈到"庸众驽散，则劫之以师

---

1 2 3 5　《荀子集解》，第513—514页、第514页、第524页、第525页。
4　《孟子正义》，第240页。

友"[1]。"荀子的'术'……是为'君子'们精心设计的行为方法"[2]，良师益友有助于去除"庸众驽散"的情性，能够促使人们日趋至善。师是"以身为正仪而贵自安者"[3]，"凡治气养心之术，莫径由礼，莫要得师，莫神一好"[4]，师有利于君子的治气养心。礼正身、师正礼，"师云而云，则是知若师"，做到了"情安礼，知若师"便是圣人。若非师法而又刚愎自用，如同"以盲辨色，以聋辨声"，人们容易昏乱妄为。孟子认为圣人为百世之师，他以伯夷、柳下惠为例，说"闻伯夷之风者，顽夫廉，懦夫有立志……闻柳下惠之风者，鄙夫宽，薄夫敦"[5]，百世之下，闻者莫不以圣人为榜样，更何况亲炙者？

　　既然师有补益人生的作用，那么师需要具备哪些特质呢？荀子说"尊严而惮，可以为师；耆艾而信，可以为师；诵说而不陵不犯，可以为师；知微而论，可以为师"[6]，而"博习"可不在其中。弟子"通利则思师"，"言而不称师谓之畔，教而不称师谓之倍"[7]，倍畔之人，明君不纳，士大夫不与他言谈。荀子也说："志意定乎内，礼节修乎朝，法则度量正乎官，忠信爱利形乎下……是之谓人师。"[8]

---

1 3 4 6 7 8 《荀子集解》，第30页、第39—40页、第31页、第310—311页、第598页、第142—143页。

2　庞朴：《荀子发微》，《东岳论丛》1981年第3期。

5　《孟子正义》，第669—671页。

　　君子与贤能的人交往，才能显扬善的德行。即使一个人"性质美而心辩知"，也需要"求贤师而事之，择良友而友之"。得到贤师，所闻皆尧舜禹汤之道；得遇良友，所见皆忠信敬让之行。与良师益友相处，则日进于仁义；与不善之人交往，所闻皆欺诬诈伪，所见皆污漫淫邪贪利之行，则日陷于刑戮。"以修身自名则配尧舜"是君子的人生理想，"隆师而亲友"是修身的捷径，也是配尧舜的成圣之道。师、友对君子的修身大有裨益，师、友既可教人向善，又能助人成贤。

　　荀子经常将君子与小人作对比，二者的举止截然相反，分别代表着善与不善。在这里，我们不妨总结一下小人对待"责善"的态度："恶人之非己"，"谄谀者亲，谏争者疏"。小人与损己者为友，"友便辟，友善柔，友便佞"。君子之心坦荡，容易被人了解却不可亵渎，荀子称君子"必由其道至，然后接之，非其道则避之"[1]。君子十分重视交往的礼仪，"问楛者勿告也，告楛者勿问也，说楛者勿听也，有争气者勿与辩也"[2]，必待礼恭、辞顺、色从始与人言道。

　　"中庸不仅是儒家学派的伦理学说，更是他们对待整个世界的一种看法，是他们处理事物的基本原则或方法论。"[3] 翻阅《荀子》，谈到君子交友时中庸思想亦贯穿其中。中庸之道使君子的

1 2 《荀子集解》，第 20 页。

3 　庞朴：《中庸平议》，《中国社会科学》1980 年第 1 期。

交友思想更加合理、科学，例如"交亲而不比"，君子"宽而不僈，廉而不刿，辩而不争，察而不激，寡立而不胜，坚强而不暴，柔从而不流"[1]。"君子絜其辩而同焉者合矣，善其言而类焉者应矣"[2]，王先谦指出"辩"为"身"，君子讲求自我修养而同类相聚，己潐潐则远搣搣之人，这是情势的必然。

朋友要相互责善，在提出"士有争友"的同时，荀子认为父子、君臣彼此也应责善，这是因为"从道不从君，从义不从父，人之大行也"[3]。大孝为"明于从不从之义，而能致恭敬、忠信、端悫以慎行之"[4]。孔子认为朋友、君臣应相互责善，朋友应"忠告而善道之"，事君需"勿欺也，而犯之"。子路问事君之道，孔子说不能为了取悦君主而言过其实，要不欺瞒他，即使犯其颜色也要直言劝谏。子曰："事父母几谏，见志不从，又敬不违，劳而不怨。"[5]当父母有过错时也要劝谏，保持恭敬的心态，即使父母不听从，也不能违逆，有机会再劝谏。

《荀子·非相》记载："相形不如论心，论心不如择术。形不胜心，心不胜术。术正而心顺之，则形相虽恶而心术善，无害为君子也。"[6]交友不该看重对方的容貌，而应考察他的志向、思想、学问与立身处世的做法，"形相虽恶而心术善"的人仍然可以成为君子，这样的人是人们争相结交的对象。像犯上作乱的人和

---

1 2 3 4 6 《荀子集解》，第47页、第52页、第624页、第625页、第85—86页。

5 《论语集释》，第270页。

轻薄少年们，他们无不"美丽姚冶，奇衣妇饰"[1]，但是一般人羞于把他们当作朋友。朋友要相互帮助，与朋友交往应讲求礼节谦让的行为规范。《荀子·非十二子》记载："遇君则修臣下之义，遇乡则修长幼之义，遇长则修子弟之义，遇友则修礼节辞让之义，遇贱而少者则修告导宽容之义。无不爱也，无不敬也，无与人争也，恢然如天地之苞万物。"[2]

君子重视修养，因而他们非常看重朋友的道德品质。君子交友有两个显著特点：一方面，君子慎于择友；另一方面，君子十分重视自身的修养，时常反求诸己。"同游而不见爱者，吾必不仁也；交而不见敬者，吾必不长也；临财而不见信者，吾必不信也。"[3]

与孔子、孟子的交友观相比，荀子同样看重朋友的品德，主张慎重交友，他说"取友善人，不可不慎，是德之基"。另外，荀子的交友思想还有两个显著特点：一是荀子认为朋友有举贤的职责，"出而名不章"实为友之过；二是他主张"隆师而亲友"，荀子对师、友的重视程度超过了以往学者，师、友并提对后世的一些交友思想影响较大。

先秦时期的"友"观念呈现了儒家学者对于朋友的见解，较为集中的内容为交友对象的品质。"直""谅""多闻"是益友的标准，也是有德之人的品格。古人之所以重视交友对象的品质，是

---

1 2 3 《荀子集解》，第 89 页、第 117 页、第 633 页。

因为良师益友能够辅仁，成就仁德。如果与德行差的人相处，我们如同陷入了泥潭，将面临人生倒退。如今每个人都有自己的朋友，但能相互责善的朋友似乎越来越少，其主要原因恐怕在于彼此不够坦诚，不能完全敞开心扉。孟子的"责善，朋友之道"和荀子的"士有争友"，其意义在于他们希望朋友的劝告能够帮助自己少犯错误，使自己的言行趋于完善。真正的朋友是不计恩怨、不计较得失的，朋友要做到以诚相待，以责善之道相处。

第三章
汉代儒家"友"观念

第一节 "朋友以极之":《礼记》[1]的友朋观

在汉代，人们比较重视朋友之道，"自天子至于庶人，未有不须友以成者"[2]。《礼记·学记》记载："独学而无友，则孤陋而寡闻。"[3]朋友在相互交流、解惑的过程中，能够开阔眼界，增进彼此的学识。交友可以使个人的才能得以施展，名声得以远播，道德修养得以确立，可见交友大有裨益。孟子将"朋友有信"列为人伦之一："圣人有忧之，使契为司徒，教以人伦：父子有亲，君臣有义，夫妇有别，长幼有叙，朋友有信。"[4]刘钦认为人与人的交往是人道的基础和成名立事的必由之路，董仲舒以"仁义礼智信"来规范五伦，东汉的儒学著作《白虎通》将朋友关系作为六纪之一。

---

1 因《小戴礼记》成书于西汉，故入选此节。

2 （清）王先谦：《诗三家义集疏》，中华书局1987年版，第569页。

3 《礼记集解》，第965页。

4 《孟子正义》，第386页。

　　《礼记》，亦称《小戴礼记》，为西汉时期戴圣编纂。孔子说：
"克己复礼为仁。"[1] 孟子说："仁之实，事亲是也；义之实，从兄
是也……礼之实，节文斯二者是也。"孟子认为礼是行仁义的准
则。荀子认为："君子处仁以义，然后仁也；行义以礼，然后义
也；制礼反本成末，然后礼也。三者皆通，然后道也。"[2] 荀子说
礼是义的准则，而礼是圆融的，自身"反本成末"，若通达仁、
义、礼三者，便可致道。孔子、孟子与荀子对礼的认识虽然存在
差异，但他们在对礼的尊崇上是一致的。礼的外在内容是制度，
在《礼记》中有一些涉及"友"的准则，认识这些准则将有助于
我们认识古代的朋友之道。

一、"朋友以极之"

　　《礼记》提出了人们在交友方面的具体做法，其行为规范之
一为"朋友以极之"。《礼记·表记》说："礼以节之，信以结之，
容貌以文之，衣服以移之，朋友以极之，欲民之有壹也。"[3] 可见，
"朋友以极之"指向一定的人群，是民众的规范。值得注意的是，
《礼记》记载的一些规范不以君子的言行为标杆，而是以民众能够

1　《论语集释》，第 817 页。

2　《荀子集解》，第 581 页。

3　《礼记集解》，第 1305 页。

做到的言行为依据。在如何与朋友交往的问题上，《中庸》提出，君子应先正己，而不能只对他人提出要求。"君子之道四，丘未能一焉：所求乎子，以事父未能也；所求乎臣，以事君未能也；所求乎弟，以事兄未能也；所求乎朋友，先施之未能也。"[1] 处朋友时，需先做到对朋友友善、施恩惠于对方，而不能仅对朋友提出过高的要求。

《礼记》记载了一些关于交朋友的规范和礼仪。如《礼记·曲礼上》："父母存，不许友以死。"[2] 吕思勉写道："'父母存，不许友以死。'则许友以死者多矣。服虔注《左氏》云：'古者始仕，必先书其名于策，委死之质于君，然后为臣，示必死节于其君也。'此亦许友以死之类也。古人有罪不逃刑，此乃许君以死，而又守信，使之然也。如晋之庆郑是。事见《左氏》僖公十五年。"[3]《礼记·坊记》记载："寡妇之子，不有见焉，则弗友也，君子以辟远也。故朋友之交，主人不在，不有大故，则不入其门。"[4] "父之齿随行，兄之齿雁行，朋友不相逾。"[5] 这个规范反映的是与朋友相处要有尊敬、礼让的精神。历史上曾发生过朋友以爵位、仕途彼此谦让的事，让我们来试举一例。东汉朱晖与同郡的陈揖是好朋友，陈揖有个遗腹子陈友，当朱晖的儿子被太守

---

1 《四书章句集注》，第23页。

2 4 5 《礼记集解》，第22页、第1295页、第388页。

3 《吕思勉读史札记》，第242页。

召为官吏时，朱晖却推辞并让给了陈友。

朋友有信与孝顺父母关系密切，孝顺父母才能有悌、有仁，并信于朋友。《礼记·曲礼上》记载："夫为人子者，三赐不及车马。故州、闾、乡、党称其孝也，兄弟亲戚称其慈也，僚友称其弟也，执友称其仁也，交游称其信也。见父之执，不谓之进不敢进，不谓之退不敢退，不问不敢对，此孝子之行也。"[1] 三赐谓三命之赐。周代官吏的品秩有一至九命之差，九命为品秩最高者。每一命都有相应的礼服和象征品秩的赏赐物。如果做了三命之官，君王就要赏赐他车马了。但有父母在，孝子不敢贪图乘坐车马的享受，虽赐而不受。曾子认为对朋友不守信即是不孝，原因在于失信于人可能导致灾难并殃及双亲，会使父母得不到尊重。只有生活起居时恪守礼义、侍奉君主时忠心谨慎、为官理政时严肃认真、与朋友交往时严守信用、冲锋陷阵时勇于杀敌，才是遵守了孝道。

二、"乐其友而信其道"

朋友与个人学问的养成有着密切关系。"独学而无友，则孤陋而寡闻。"儒家提倡多结交学友，彼此相互交流、切磋学问。曾子说："君子以文会友，以友辅仁，则德日进。"有识之士都有自己

---

1 《礼记集解》，第17—18页。

的朋友圈，朱熹与辛弃疾、吕祖谦、张栻等人的交友事迹就为世人所称道。

交友对象品质的优劣影响自身道德的高下，"论学取友"可谓学业小成。《礼记·学记》曰："一年视离经辨志，三年视敬业乐群，五年视博习亲师，七年视论学取友，谓之小成。"[1] 君子能够在与师友的交往、学习中感受到共鸣的喜悦，即便离开师友，也因笃信师友的学识而不会违反师友之道。《礼记·学记》曰："故君子之于学也，藏焉，脩焉，息焉，游焉。夫然，故安其学而亲其师，乐其友而信其道，是以虽离师辅而不反也。"[2] "乐其友而信其道"是这句话所阐述的朋友之道。无论乐友亲师，还是不信谣言，君子交友之所以笃信与牢固，根本原因在于他们志于道的信念。有德、有道的交往才是君子之间的交游特征，立于道义的交流才会真正令人喜悦。也正是由于志于道是君子交友的唯一前提，因此道不同则不相为谋。

在中国古代交友历史上，绝交是一道独特的风景。《礼记·儒行》指出，若志趣不同，朋友可以分手避让。那么君子绝交的原因是什么呢？主要原因在于士人厌恶以利交友，他们痛感人情淡漠，痛恨营己治私、求势逐利的轻薄行径。还有一些学者，他们甚至主张全面绝交。东汉朱穆曾著有《绝交论》，梁朝刘孝标著有

---

1 2 《礼记集解》，第 959 页、第 962 页。

《广绝交论》，绝交即断绝以利交往，因为以利交友违背了君子志于道的追求。

以利交往的确令人心寒，西汉的翟公曾深切感到人情无常。当他做廷尉时，宾客纷至沓来；遭遇免职时，宾客却一哄而散。等到翟公官复原职，宾朋旧友又想登门拜访，翟公悲愤地在门上写道："一死一生，乃知交情；一贫一富，乃知交态；一贵一贱，交情乃见。"在现实生活中，不但一些朋友以利相交，夫妻之间也存在以利交往的现象。这些以利结成的关系往往并不牢固。以利交友，利去则友散；因利而谈婚论嫁，利无则情薄。择妇要以德配身，只有建立在学问道德基础上的婚姻才是稳固与完美的。现代社会为什么会出现一些离婚现象呢？在笔者看来，因自私自利而结婚的，有一天也可能因自私自利而离婚。唯有德性的婚姻，才能长久一些。虽然说天下只是一个利，但不合道义之利却是有害的。

君子以怎样的方式绝交呢？君子绝交不出恶声。这种友好断交的美德，值得后人学习与弘扬。《幼学琼林》记载"管宁割席拒华歆，谓非同志之人"[1]，以割席的方式表明断交之意，显示了古人的素养。有一次弟子问朱熹："朋友之间已无共同的志向，绝交恐伤恩，继续交往又匿情，我该如何与之相处呢？"朱熹说："朋友不善，理当疏远。但须疏之以渐，若无大故，不必绝之。"在

---

1 （明）程登吉原编，（清）邹圣脉增补：《幼学琼林》，中岳麓书社2002年版，第65页。

朱熹看来，遇大故才可绝交，除此之外，不善之友"疏之以渐"[1]
即可。

《礼记·檀弓下》记载："利其君，不忘其身；谋其身，不遗
其友。"[2] 这是赵文子称赞随武子的一句话，他说随武子实现自
身志向的同时，还能做到举荐他的朋友，可见随武子是一个忠
君重友之人。赵文子善于了解他人，他也以忠义与人交往。《礼
记·儒行》说儒者的交友原则是这样的：志向相合、学道相同的
朋友在一起就感到快乐，相互谦让而不厌倦。即使长时间不见
面，听到谣言也不相信。儒者的行为本于方正而立于道义，志
趣相投就共同进取，不同则分手避让。汉代扬雄也强调朋友之
交要志趣相投。

儒者与人相处能够坚持原则，君子不根据言语来判断一个人
的好坏，君子重视行为而不重视言谈。君子在有丧事的人旁边，
不能资助就不问丧事的花费。在有病的人旁边，不能有所馈赠就
不问他需要什么；无法安排客人住宿，就不问他打算住在什么地
方。"君子之交淡如水，小人之交甘如醴"，君子之交虽淡但能相
互辅助，小人之交虽甘但久必败坏。《礼记·曲礼上》记载了贤者
的处世之道："贤者狎而敬之，畏而爱之。爱而知其恶，憎而知其
善。积而能散，安安而能迁。"[3]

---

1 （宋）黎靖德编：《朱子语类》，中华书局1986年版，第234页。
2 3 《礼记集解》，第304页、第4页。

在《礼记》中，我们似乎看到了两类朋友之道，它们分别对应于不同的人群。"朋友以极之"是民众的交友规范，作者将它作为交友之道，只是希望民众能奉献真情、诚心待友，以此实现"欲民之有壹"，而非"欲民之有权"。而《礼记·儒行》说：儒者的行为本于方正而立于道义，志趣相投就共同进取，不同则分手避让。显而易见，立于道义、志趣不同则避让等规范是君子的交友原则。《礼记》的内容十分丰富，它涵盖了天地之道与人道，记载的规范与礼仪都有与之相对应的特定人群与适用场合。儒者与民众的生活方式与精神追求不同，因此他们的交友之道不可避免地存在差异。辨清这两种交友之道而不至于困惑，我们才能更好地学习并全面理解古代的朋友之道。

第二节 《白虎通》的友朋思想

"友，君臣之道"是《郭店楚简》友朋观的突出体现，而《白虎通疏证》记载："三纲者，何谓也？谓君臣、父子、夫妇也。"[1]君臣、父子、夫妇，此"六人为三纲"，书中还引《礼含文嘉》称"君为臣纲，父为子纲，夫为妻纲"[2]，可见班固将"君为臣纲"当作此书的思想主张之一。

---

1 《白虎通疏证》，第 373 页。

2 （清）赵在翰：《七纬》，中华书局 2012 年版，第 269 页。

一、从"友，君臣之道"到"君为臣纲"

"友，君臣之道"与"君为臣纲"完全是风马牛不相及的两类主张，怎能互证，又如何相融相通呢？带着这个疑问，我们进入一段探寻答案的旅程，或许前路将带来有关儒家思想的某些惊喜。

在子思之儒看来，以友相待是处理君臣关系的准则之一："父无恶，君犹父也，其弗恶也，犹三军之旌也，正也。所以异于父，君臣不相才（存）也。（悦）则可已；不悦，可去也；不义而加者（诸）己，弗受也。友，君臣之道也。"[1] 以朋友关系相处属于君臣之道，但上文又说君犹父，"犹三军之旌也，正也"，可见君主的尊严不容小觑。同心而悦为君臣相处的正道，"不义"则指君主的做法不合于道，也不合于礼。为了道义批评君主的过错、指责君主的行为过失是符合君臣之道的。当朋友有过失时，应"忠告而善道之"。朋友与君臣属于"无亲"的一类社会关系，因而在《郭店楚简》中，作者有时将朋友、君臣同举，如"友、君臣，无亲也"，"君臣、朋友，其择者也"，作者又以"友"来规范君臣关系，可以说是儒家友朋观的一个新变化。

不难看出，《郭店楚简》提出的君臣之道，基本包含了两个方

---

1 《郭店楚简校释》，第 208 页。

面的内容：一方面是以君主为正，承认君主的特殊地位；另一方面指出君臣与父子存在显著的不同，君臣无亲，以悦相合，"不义而加诸己，弗受"，由此可证"友"为君臣之道，若将此处的"友"理解为相互辅助，应更为妥帖。"（悦）则可已；不悦，可去也"，"悦"字反映了《郭店楚简》君臣观的特点。"君臣义生言"也是《郭店楚简》提倡的君臣之道，一个"义"字清晰地展现了君臣关系的纽带。《六德》称"以义使人多。义者，君德也"[1]，"以忠事人多。忠者，臣德也"[2]，君德与臣德有着怎样的关系呢？答案是"义使忠"，并不复杂的三个字呈现了君德的特殊性。《郭店楚简》君臣之道的重要性在于它以"友"作为君臣相处的规范，而"友，君臣之道"这种提法在其他文献中几乎没有出现。

孟子也尝试以朋友之道规划君臣关系，但他对君臣关系的建构基本继承了《郭店楚简》"友，君臣之道"的思想，并进一步扩展出三类关系：师、友、事。后世著名的思想家如程颐、黄宗羲、谭嗣同等人，其相关学说也建立在"友，君臣之道"的基础之上，并各有发展。当我们回顾先秦时期的那段历史，梳理那时涌现的各类思想时，却发现思想与现实是如此融杂，学者的论断在很大程度上来源于客观世界，我们很难坚定地说他的著述仅是他一人的独创，同样的观点在史书中也有人提及，大

---

1 2 《郭店楚简校释》，第108页。

概是同一的现实决定了类似思想的出现。也有许多思想与业已盛行的礼仪密不可分，孰先孰后，已难以考辨。但无论怎样，把它们归结为中国文化的特征，总是没有差错的。对《郭店楚简》的"友"观念作完初步分析后，我们再来看一看《白虎通》中的相关思想。

（一）"臣谏君以义"

《白虎通》一书在内容的丰富性上略胜《郭店楚简》一筹，但我们更关心的是"友，君臣之道"的思想到了东汉时期得到了怎样的发展。

《白虎通》之《谏诤》一卷详细阐释了臣谏君、妻谏夫、子谏父的内容，并论证了谏诤的合理性。对谏诤进行细致分析，反映了作者对谏诤的重视程度。谏诤是君臣、夫妻、父子关系的调适方法，臣谏君的存在已在明示臣对于君的帮助职责。那么什么是谏诤？"谏"字又有何内涵呢？

谏又作"间"，"谏者，间也，更也。是非相间，革更其行也"[1]，谏有"更其行"的作用。古文"间"为干，"干，犯也。言臣子干君之过，犯颜而谏之也"[2]。由此可知，"谏"能够干君之过，正君之行，甚至可犯颜而谏。《白虎通》列举了谏诤的五种类型："一曰讽谏，二曰顺谏，三曰窥谏，四曰指谏，五曰陷谏。"[3]

---

1 2 《白虎通疏证》，第 234 页。

3 《白虎通疏证》，第 235 页。

"讽谏"似智,"知祸患之萌,深睹其事,未彰而讽告焉"。"顺谏"似仁,"出词逊顺,不逆君心"。"窥谏"似礼,"视君颜色不悦,且郤,悦则复前,以礼进退"[1]。"指谏"似信,"指者,质也。质相其事而谏"。"陷谏"似义,"恻隐发于中,直言国之害,励志忘生,为君不避丧身"。

在五类谏诤中,孔子赞同讽谏,他说:"吾从讽之谏。"孔子的主张反映了儒者的忧患意识,即儒家以"未雨绸缪""防患于未然"为理想追求。"讽"是何意呢?"谓君父有阙而难言之,或托兴诗赋以见于辞,或假托他事以陈其意,冀有所悟而迁于善。"[2]除了"未雨绸缪"以防祸患,讽谏还有曲得之义,即巧借诗赋或假托他事以述难言之语。讽谏的长处在于不触颜色、冀君自我觉悟,为实现政由君出做了铺垫,有效地维护了君主的特殊地位与尊严。

尊君不仅是《郭店楚简》的学说主张,也是《白虎通》提到的重要思想之一。尊君观念源远流长,《荀子》《礼记》等书都作过详细阐述。在此,读者可能要问,古人为何看重尊君呢?《礼记·坊记》作了解答,"民之贪乱,宁为荼毒""君子之道……坊民之所不足者也"[3]"朝廷之位,让而就贱,民犹犯君"[4],何况不尊君呢?尊父观念也是同样的道理,儒家主张"言孝不言慈"[5],

1 2 《白虎通疏证》,第235页、第236页。
3 4 5 《礼记集解》,第1280页、第1284页、第1288页。

"君子以此坊民，民犹薄于孝而厚于慈"[1]，何况不言"孝"呢？
由此可见尊君、尊父观念源于坊民之不足，起到了维护安定秩序
的作用。

《白虎通》记载臣的职责为："事君进思尽忠，退思补过，去
而不讪，谏而不露。"[2] 此处的"谏而不露"与下文提到的"不显
谏"中的谏，是否可以理解为讽谏？《春秋繁露》说，"臣有恶，
擅名美。故忠臣不显谏"，以彰君德。"从讽之谏"反映了人臣之
法，即良大夫不显谏，欲其政令由君出。讽谏适用于"纤微未著"
之时，"主文而谲谏，言之者无罪，闻之者足以戒"[3]。"主文"即
循礼，谲谏即"窥谏"，"窥谏者，礼也"。但过恶已著，则当"据
事直书"，冀君有所惧。既有臣谏君之实，接下来我们就看一看，
臣为何谏君？臣如何谏君？

臣为何谏君？为了"尽忠纳诚"之义。贤人君子尽心于明德，
君主有过，则"正而止之"。《孝经》记载："天子有诤臣七人，虽
无道不失其天下；诸侯有诤臣五人，虽无道不失其国；大夫有诤
臣三人，虽无道不失其家；士有诤友，则身不离于令名；父有诤
子，则身不陷于不义。"[4] 可见谏诤之人，于国于家，都不可或
缺。天子置左辅、右弼、前疑、后承，此为四诤。

臣如何谏君？《荀子》一书详细阐释了"谏争辅拂"四字的

---

1 《礼记集解》，第1288页。

2 3 4 《白虎通疏证》，第236页、第237页、第226页。

含义："进言于君，用则可，不用则去"，谓谏；"进言于君，用则可，不用则死"，谓争；"有能比知同力，率群臣百吏而相与强君挢君，君虽不安，不能不听，遂以解国之大患……尊君安国"，谓辅；"抗君之命，窃君之重，反君之事，以安国之危"[1]，谓拂。孟子说"惟大人为能格君心之非"，"责难于君谓之恭，陈善闭邪谓之敬"。《白虎通》的观点继承了孟子、荀子的君臣思想，仕为行道，臣为"达道数""尽忠纳诚"（此处的"忠"应有为"道"及天下尽己之诚的涵义），因而《白虎通》所谈论的君臣关系仍可定义为"友"，"友，相有也"，"相有"即相辅助。

（二）"义之与比"

在臣谏君方面，《白虎通》承继了孟子、荀子的理性认知，但其关于隐恶之义的记载却是先秦儒家很少论及的地方，这是《白虎通》的特点所在。此书明确提出了臣为君隐，父子、兄弟、朋友相隐，但君不为臣隐的主张。在此，人们不禁要问：为何臣为君隐恶，而君不为臣隐？接下来，我们不妨细看一下《白虎通》对隐恶之义的详解。

君王为至尊，故设辅弼，置谏官，设置辅弼、谏官目的是在朝堂之内正君之过，以维护君王的至尊地位。孔子曾为鲁昭公讳知礼。荀子说："礼，居是邑，不非其大夫。"[2]他把"不非其大夫"作为礼的内容，以示对大夫的尊重。《礼记》说："善则称君，

---

1 2 《荀子集解》，第 295 页、第 627 页。

过则称己，则民作忠。"[1]

《后汉书》记有："子以人不间于其父母为孝，臣以下不非其君上为忠。"[2] 读到这里，我们不免产生疑问："不间于其父母"岂不悖于"父有诤子"？"不非其君上"与谏诤之义岂不违背？其实不然，"不间于其父母"并不等于不要"几谏"，"不非其君上"也不同于放弃谏诤，妙处在于"不显谏"。做到"下不非其君上""人不间于其父母"，当是臣、子必于事前孜孜于匡救其过，实际上这种做法也保护了彼此之间的和谐关系。即使未能匡救其过，在儒家有关方法论的指导下，遵行忠、孝也不至于社会无序。

读过春秋史的人无不知晓天下动乱的根源在于人欲横流、人伦大变，在反思现实事件的基础上，学者试图寻找治理天下的有效方法，其学术思想与当时的社会现状紧密相连。韩非子在《忠孝》篇中写道："臣事君，子事父，妻事夫，三者顺则天下治，三者逆则天下乱，此天下之常道也。"[3] 兼相爱、交相利是墨子的重要思想之一。兼相爱、交相利也适用于朋友之间，为什么墨子会提出这种学说呢？欲治天下当察"乱何自起"，"起不相爱"，父子、兄弟、君臣皆自爱而不爱对方，盗贼皆爱其室、其身而不爱异室与他人，大夫、诸侯皆爱其家、其国而不爱异家、异国，上

---

1 《礼记集解》，第1287页。

2 《后汉书》，第1226页。

3 《韩非子集解》，第510页。

述各类现象便是天下混乱的原因。韩非子与墨子思想各异，但在思索天下混乱的问题上，却趋同了，他们几乎都把父子、君臣等人伦无序的现实作为社会动荡的根本原因。《后汉书》"子以人不间于其父母为孝，臣以下不非其君上为忠"丰富了忠、孝的理性内涵，明确了臣、子的谏诤职责，更加合理地保证了君、父之尊。人臣的谏诤在《白虎通》中有详细的记载，子谏父在《孟子》《荀子》等书中也能找到依据。孔子称赞闵子骞孝行时说："人不间于其父母昆弟之言。"可见"不间于其父母"是孔子乃至汉代学者的共同认知。

在儒家看来，"不间于其父母昆弟"谋求的是家庭和睦、长幼有序。孟子说："责善，贼恩之大者。"孟子提出的"父子不责善"可以说是"不间于其父母"的另一种说法和诠释。其中的道理可以用来理解"臣以下不非其君上为忠"，以"不非其君上"为忠，为的是君臣有序、家国安宁。荀子说"讳国恶"是礼的内容，"讳国恶"含有隐恶之义，若不讳国恶，则小人得志、家国无序。圣人知"道"，愿受君过，这里的"道"指人道，也指治国之道，臣受君过，则可以适当地维护君王的地位与尊严。了解了"子以人不间于其父母为孝，臣以下不非其君上为忠"这句话的深意，也就把握了中国文化的一丝命脉。

在人臣"不非其君上"的同时，国家权制内也存在约束君王的规则，二者互动始成合理的君臣之道。由相关资料可知，古时君、臣皆为民请命。谏诤立，为"重民而求己失"；立史记事，以为"臣下之仪样，人之所取法则也"[1]。立史有助于约束君主的日常行为，"动则当应礼"，左史书动、右史书言。若君王言行失当，则"史书之，工诵之，三公进读之，宰夫彻其膳"[2]，以此警示天子不得为非。史、工、三公、宰夫是君王身边亲近之人，各自肩负着规范天子言行的职责。《白虎通》称："史之义不书过则死，宰不彻膳亦死。"[3]史官有直书君过的职责，不尽职即死。以死证君过，君主岂敢为非？《说文解字》解释"史"的字义为"记事者也。从又持中"[4]，中即"正"，由此可知"史"的原始字义为"持正"。至此，我们不禁疑惑"人臣之义，当掩恶扬美"，史官却记君过？随之《白虎通》给出了合理的解释：臣职不同，"各有所缘也。掩恶者，谓广德宣礼之臣"[5]。

《白虎通》解释说："君之与臣，无适无莫，义之与比。"[6]君与臣"义之与比"，可以看作"友，君臣之道"的诠释，"友，君臣之道"与"无适无莫，义之与比"同是儒家理想的君臣之义。赏善则众臣劝，罚恶而众臣惧。"无适无莫"即好恶"不设以成心"，"不设以成心"即君、臣皆能克己、没有私心，以义定曲直。齐桓公不计一己恩怨、任用管仲为相的事实表现了古时君臣"无适无莫，义之与比"的精神。

---

1 《白虎通疏证》，第 237 页。

2 3 《白虎通疏证》，第 238 页。

4 《说文解字注》，第 116 页。

5 《白虎通疏证》，第 239 页。

6 《白虎通疏证》，第 240 页。

（三）"臣诤不从得去"

"臣诤不从得去"与待放之义也是《白虎通》论君臣之道的显著特征，尽管它杂糅了先秦时期的诸多思想。为何"臣诤不从得去"？"以屈尊申卑，孤恶君也。"[1] 臣与君"义之与比"，当谏诤不从时，人臣可以离开，以孤恶君。《礼记·表记》记载："事君三违而不出竟，则利禄也。"[2] 若三违不出境，则看重利禄而忽视道义，君子不这样做。《白虎通》多次指出仕为行道，道不行，人臣以"不从得去"申明贤者之志。"仕为行道"可与"忠"的早期含义联系起来，忠有为公的内涵。君臣以道义相合，无义则离。《孟子·万章章句下》记载："君有大过则谏，反覆之而不听则去。"谏君不从，君待之以礼，人臣去而待放，待放不是君王的特权，而是人臣的自由选择。

关于为何"去而待放"，《白虎通》给出了几种解释。待放于郊，示臣忠厚之至，也冀君觉悟。《孟子·公孙丑章句下》："予三宿而出昼，于予心犹以为速，王庶几改之。"[3] 以三年待放来看，孟子"三宿而出昼"确实"犹以为速"了，无论三宿还是三年待放，人臣的用意都在于冀君王改之或觉悟。礼是解读《孟子》一书的密钥，孟子的言行基本符合礼的规范，因此他的言行能够反映礼的时代内容。

---

1 《白虎通疏证》，第 228 页。

2 《礼记集解》，第 1315 页。

3 《孟子正义》，第 307 页。

为何待放三年？《白虎通》解释说，"古者臣下有大丧，君三年不呼其门"[1]，以此复君恩，因而待放三年。"三谏，待放复三年，尽惓惓也。"[2]三谏不听，遂待放三年，君子以为得君臣之义。有学者说："谏必以三者，取月生三日成魄，臣道就也。"关于三年待放，《白虎通》也称：臣言"不合于礼义，君欲罪之可得也"[3]。臣自嫌有罪当诛，故三年不敢去。言放，原因在于"臣为君讳"。言臣有罪，是臣为君隐的表现。大夫无罪而去，不可扬君之过，必"引罪于己"。《礼记·坊记》说："善则称君，过则称己。"[4]孔子以微罪行即是此义。大夫、士待放或去国"引罪于己"，为的是维护君王的尊严与地位，这与上文"不非其君上"的用意相同。

翻开一些儒家典籍，我们不由得联想起三类人：君、臣与民。君、民的特点决定了中国的治道，君、臣与民三者的合理互动即是中国特有的政治文化传统，臣去国"不洁其名""引罪于己"便呈现了这一文化传统。君不以礼待或谏事已行，臣遂去而不留。待放原为冀君觉悟，若事已行、灾咎将至，则臣不留。齐阵女乐，季桓子微服往观，怠于政事，子路说："夫子可以行矣。"孔子说："鲁今且郊，如致膰乎其大夫，则吾犹可以止。"桓子接受齐国女乐，三日不听政，又不致膰俎于大夫，孔子遂去，但不脱冕，并以微罪行。臣去时说："某质性顽钝，言愚不任用，请退避贤。"

---

1 2 3 《白虎通疏证》，第229页。

4 《礼记集解》，第1287页。

君以礼相待则说："予熟思夫子言，未得其道，今子不且留。圣人之制，无塞贤之路。"¹遂遣大夫送至于郊。

待放于郊，依礼制，"君不绝其禄"，《礼记·曲礼》记有："去国三世，爵禄有列于朝，出入有诏于国。"²三年不返，才收其田里。古之君子，进人以礼、退人以礼。君待臣以礼，"有故而去，则君使人导之出疆"³，君"搏执之，又极之于其所往"，则为非礼。"不从得去"有保身、远乱之义，君子三揖而进，一辞而退，以远离灾乱。

《白虎通》记有《王者不臣》，王者暂不臣"授受之师"，为"尊师重道，欲使极陈天人之意也"⁴。《礼记·学记》说："大学之礼，虽诏于天子，无北面，所以尊师也。"尊师即尊德，"天子入太庙，祭先圣，则齿尝为师者弗臣"。

臣见君有质，"质己之诚，致己之悃愊也"⁵。以质见君出于人臣之心，"差其尊卑以副其意"。孟子说"出疆必载质"，君子于所尊敬，"必执质以将其厚意"。古人以卑见尊，必"有物以将其悃忱为质，不敢亵尊之义也"。公侯以玉为质，卿以羔为质，大夫以雁为质。士以雉为质，取"不可诱之以食，慑之以威，必死不可生畜。士行耿介，守节死义，不当转移也"⁶。士贱，伏节死

1 3　《白虎通疏证》，第 228 页。

2　《礼记集解》，第 112 页。

4　《白虎通疏证》，第 319 页。

5　《白虎通疏证》，第 355 页。

6　《白虎通疏证》，第 356 页。

义，一介之道也。私相见也有质，为"相尊敬，长和睦也"。朋友"有通财之义，振穷救急之意，中心好之，欲饮食之，故财币者，所以副至意焉"[1]。

《白虎通》还解释了君、臣二字的含义："君，群也，群下之所归心也。"[2]"臣者，缠也，励志自坚固也。"君臣属三纲，六人为三纲。"阴者阳之合……臣者君之合。物莫无合，而合各有阴阳。"[3]君为阳，臣为阴，阳刚阴柔，相配而成。以阴阳之道来看，君臣并无不平等之处，可谓"友，君臣之道也"。君臣法天，取象日月屈信。"六纪者，为三纲之纪者"[4]，六纪以纪三纲，这里的"纪"有"纬"的含义。"师长，君臣之纪也，以其皆成己也。"[5]这句话能够给我们一些启发，与师长类似，君臣有成己之用。师，教人为君子；长，教人为长者。显然师长有成己之功，与君臣类似。仕为行道，君使臣成就道义，实现抱负与理想，而臣使君成为明主，故君臣皆能成己。

《白虎通》在立足三纲的同时，进一步提出六纪说。六纪为诸父、兄弟、族人、诸舅、师长、朋友。《白虎通》说："何为纲纪？纲者，张也。纪者，理也。大者为纲，小者为纪。所以张理上下，整齐人道也。人皆怀五常之性，有亲爱之心，是以纲纪为

---

1 《白虎通疏证》，第 358 页。

2 《白虎通疏证》，第 376 页。

3 《白虎通疏证》，第 374 页。

4 5 《白虎通疏证》，第 375 页。

化，若罗网之有纪纲而万目张也。"[1] "纲纪"为人道的关键，能为人与人之间的相处做表率。《白虎通·三纲六纪》指出："六纪者，为三纲之纪者也。师长，君臣之纪也，以其皆成己也。诸父、兄弟，父子之纪也，以其有亲恩连也。诸舅、朋友，夫妇之纪也，以其皆有同志为己助也。"[2] 三纲为基本的人伦之道，六纪则作其辅助，人事如同一张大的罗网，由三纲六纪总领和推动。六纪的伦理规范是："敬诸父兄，六纪道行，诸舅有义，族人有序，昆弟有亲，师长有尊，朋友有旧。"[3]

实际上，谏诤、"臣诤不从得去"与"义之与比"反映了臣与君的合理与自由关系。"明王所以立谏诤者，皆为重民而求己失也。"[4] 谏诤源于重民，其直接目的在于匡救君主之过失。孟子说："责善，朋友之道也。"《白虎通》同样认为责善为君臣之义。"臣诤不从得去"也反映了以"友"来处理君臣关系的思想，君臣以"道"相合，无"道"则离，"仕为行道，道不行，义不可素餐，所以申贤者之志"[5]，所谓"悦，则可；不悦，可去也"。君与臣"义之与比"的思想，一方面体现了二者在地位上的合理秩序，另一方面也显现了君臣志于道下的政治平等。"友，君臣之道"的理想在《白虎通》一书中得到了较好的继承与发展。同时，

---

1 3 《白虎通疏证》，第 374 页。

2 《白虎通疏证》，第 375 页。

4 《白虎通疏证》，第 237 页。

5 《白虎通疏证》，第 228 页。

在谏诤、"臣诤不从得去"与"义之与比"的思想中，作者特别强调了君臣之礼，君待臣以礼则反映了君主敬贤之意。

读完《白虎通》关于君臣、朋友的内容，笔者寻不到不合理之处，三纲六纪的确能"张理上下，整齐人道"，当时的人道也需要这样规范。陈寅恪先生说："吾中国文化之定义，具于《白虎通》三纲六纪之说，其意义为抽象理想最高之境。"[1]君臣恪守其职，在各自的职位中保有"独立之精神，自由之思想"，而且"臣谏君以义""义之与比"与"臣诤不从得去"的主张反映了君臣相友的思想。王国维自沉后，陈寅恪先生称其"文化神州丧一身"，在陈寅恪先生看来，当时的文化已呈现出怎样的衰落景象呢？他说："社会经济之制度，以外族之侵迫，致剧疾之变迁；纲纪之说，无所依凭，不待外来学说之掊击，而已销沉沦丧于不知觉之间。"[2]

那时"纲纪之说"已消沉沦丧，何况时间的表盘已转到二十一世纪！今天，当再度审视民族的历史与文化传统时，我们不禁要问：三纲六纪之说对于现代社会还有什么意义与价值吗？

上文对《郭店楚简》和《白虎通》的友朋观做了详细的比较分析，"友，君臣之道"是《郭店楚简》友朋观的显著特征。《白虎通》说："君之与臣，无适无莫，义之与比。"[3]从"臣谏君以

---

1 陈寅恪：《陈寅恪集·诗集》，生活·读书·新知三联书店 2009 年版，第 12 页。

2 《陈寅恪集·诗集》，第 13 页。

3 《白虎通疏证》，第 240 页。

义"上看，《白虎通》与《郭店楚简》的友朋思想达成了一致。在具体内容上，《白虎通》阐述得更加详细，"君为臣纲"并不是班固首次提出，但它反映了《白虎通》的君臣思想，文中的隐恶之义为其思想内容之一。令人欣喜的是，《郭店楚简》也称"君犹父……犹三军之旌也，正也"，在这一方面，《白虎通》又与《郭店楚简》的思想相融合。实际上，《白虎通》的友朋观，无论在内容的丰富性，还是在思想的深度与广度上，远远超出了之前的许多论述。难怪陈寅恪说："吾中国文化之定义，具于《白虎通》三纲六纪之说，其意义为抽象理想最高之境。"

如今，当我们再次回望中国浩瀚的传统文化时，不禁慨叹先人做出的不懈努力与斐然成就，而更为重要的是，现在的我们以何继绝学、为万世开太平？

在交友方面，《白虎通》承继《郭店楚简》"同悦而交，以德者"的观点，提出了"近则正之，远则称之，乐则思之，患则死之"的实践主张。

二、"近则正之，远则称之，乐则思之，患则死之"

在交往中，子思之儒看重的是朋友的品德，因品德高尚而达到彼此同心而悦是交友的真境界："同悦而交，以德者也。不同悦而交，以猷者也。"《白虎通》详细解释了"朋友"一词："朋友者，何谓也？朋者，党也。友者，有也。"[1]

"近则正之，远则称之，乐则思之，患则死之"[2]为《白虎通》提倡的朋友之道。相比《郭店楚简》，《白虎通》提出的是具体的交友规范。但无可否认的是，只有在"同悦而交，以德者"的基础上，朋友才能真正做到"近则正之，远则称之，乐则思之，患则死之"。《郭店楚简》的交友观指出了交友前提，划定了交友范围，在以德交友的框架内，朋友一伦所包含的丰富内容得以逐步展开，可以说子思之儒提出的交友论与班固的交友观，相为表里，密不可分。

《三纲六纪》指出："朋友之交，近则谤其言，远则不相讪，一人有善，其心好之，一人有恶，其心痛之，货则通而不计，共忧患而相救，生不属，死不托。"[3]这段话对"朋友之交"的解释比上文提到的"朋友之道"略为详细。我们不妨仔细分析一下真正的朋友之义。

其一，"通财不在其（朋友之道）中"与"货则通而不计"表达的是同一个含义，君子以志义交友，虽通财但不计较货利。子路说："愿车马，衣轻裘，与朋友共敝之而无憾。"子路把与朋友一起实现道义作为自己的志向，而不计较货财。"通财不在其中"也反映了君子的操守，"君子利少而义多，为之"。

---

1 2 3 《白虎通疏证》，第 376 页、第 241 页、第 377 页。

　　其二，"患则死之"基本同于"共忧患而相救"，"患则死之"反映了君子"畏患而不避义死"的品格，朋友患难时，君子应尽力解救，甚至不惜生命，文中的"死"当理解为"义死"。"患则死之"与古时"许友以死"的旧风俗不同。吕思勉写道："'父母存，不许友以死。'则许友以死者多矣。"吕思勉先生的思维方式很值得我们学习，从对"不许友以死"的反思中发现如今难觅、古时特有的社会现象，可谓另辟蹊径、柳暗花明。在吕思勉先生论证的基础上，我们得知"许友以死"是那时流行的社会风俗，《礼记》提出"父母存，不许友以死"正是为了修正这一历史习俗。

　　《白虎通》延续了《礼记》的说法，文章称："朋友之道，亲存不得行者二。不得许友以其身，不得专通财之恩。"[1]"亲存不得行者二"的原因在于"示民有上下"，"父母在，不可有其身，不敢私其财"。全琮遵父命携米买卖，却赈济于士大夫，空船而回，全琮散父财，其行非子道。"友饥，则白之于父兄，父兄许之，乃称父兄与之，不听则止。"[2]若父兄不许，身为朋友只能"友饥为之减餐，友寒为之不重裘"[3]。朋友有通财之义，但"不专通财之恩"。重视父兄反映了儒家学者的重亲思想，许友以死为忘亲也。一些古代文献对朋友之仇做了解释。《周礼》称："主友之仇，眡从父兄弟""朋友之仇，不同市朝"。《礼记·曲礼》说："交友之

---

1 2 3 《白虎通疏证》，第378页。

仇不同国。"或许朋友本有复仇之义。

其三,"近则正之"与"近则谤其言"表明了责善为朋友之道,"远则称之"与"远则不相讪"说的是朋友不为流言蛊惑,即使远隔万里,仍能坚信彼此的道德。东晋葛洪的"全交之道",可谓朋友之道的又一处详解。论交际时,他说:"君子交绝犹无恶言,岂背向所异辞乎?杀身犹以许友,岂名位之足竞乎?善交狎而不慢,和而不同,见彼有失,则正色以谏之;告我以过,则速改而不惮。不以忤彼心而不言,不以逆我耳而不纳;不以巧辩饰其非,不以华辞文其失;不形同而神乖,不匿情而口合;不面从而背憎,不疾人之胜己;护其短而引其长,隐其失而宣其得,外无计数之诤,内遗心竞之累。"[1]此全交之道包含了古时"许友以死"的风俗,谈到了"正色以谏",它提出的"护其短而引其长,隐其失而宣其得"正是朋友相隐之道。

《白虎通》还提到了"朋友有旧",这种提法在先秦文献中很少见到。"朋友有旧"大概是说不要遗忘旧有的情义,而应尽力做到"同忧乐,共富贵",含有"朋友有信"的内涵,但蕴含的内容要更丰富。

《白虎通》说:"朋友相为隐者,人本接朋结友,为欲立身扬名也。"[2]《荀子·大略》也提到"友者,所以相有也"。"有"与"佑"可以通用,"相有"即"相佑"之意,朋友是需要真诚互助

---

1 杨明照:《抱朴子外篇校笺》,中华书局1991年版,第444页。

2 《白虎通疏证》,第241页。

的。《白虎通·五行》说："朋友何法？法水合流相承也。"朋友之交在于志向统一。朋友以义交往，朋友有过，应给予忠告；朋友有难，应挺身相救。但若为了君、亲而失信于朋友，又该如何理解？西汉初年，郦寄与吕禄结为好友。吕太后去世后，大臣们想除掉吕氏家族，但顾虑重兵在握的吕禄。于是有大臣派人劫持了郦寄的父亲郦商，以此威胁郦寄劝说吕禄交出兵权。郦寄无奈之下只得游说吕禄解除兵权，吕禄接受了郦寄的劝说，而吕氏家族最终遭到满门抄斩。当时人们对郦寄的行为感到羞耻，而班固对此另有看法。班固认为郦寄并没有见利忘义，他只是选择遵从了君、亲之义。这个故事还存有各类评价。班固之所以肯定郦寄"谊存君、亲"，恐怕还出于他对国家长治久安的考虑，同样的考虑也见于《吕氏春秋》。

"私相见亦有贽何？所以相尊敬，长和睦也。朋友之际，五常之道，有通财之义，振穷救急之意，中心好之，欲饮食之，故财币者，所以副至意焉。"[1]《礼·士相见经》曰："上大夫相见以雁，士冬以雉，夏以腒。"《白虎通》在朋友责善方面提出了一些见解，例如"士有诤友，则身不离于令名"。朋友之间相互劝善，可以使朋友保持好的名声。

朋友应互相责善，彼此仰慕，乐于交流，患难与共。下面我们不妨读一些古人交友的实例。第一，乐则思之。汉代王吉为人

---

1 《白虎通疏证》，第358页。

正直，他与贡禹为好友，王吉做官后，便鼎力举荐贡禹。当王吉出仕时，贡禹就知道自己快要做官了。因此人们常说："王阳在位，贡公弹冠。"萧育与朱博二人也交相举荐，人称"王贡弹冠，萧朱结绶"。所谓"乐则思之"，大概指的是朋友要有福同享，出仕事关黎民苍生，道义之事怎能不举荐志同道合的朋友？

陈重与雷义交友时，太守张云推举陈重为孝廉，但陈重却坚持让给雷义，前后多达十余次。雷义被推举为茂才时，他也执意让予陈重，刺史不听，于是雷义"阳狂披发走，不应命"。陈重与雷义的义举被世人称作："胶漆自谓坚，不如雷与陈。"有福同享、有义同当，陈重与雷义可谓一对"胶漆之友"。古时真正的朋友能够做到"乐则思之"，"乐则思之"指的是一人取得功名、获得财富时，不应只考虑到自己的快乐感受，还应积极推荐朋友出仕为官，或者在经济上帮助还不如自己的朋友。

第二，患难与共。东汉陇西太守邓融曾对廉范有知遇之恩，邓融获罪后，廉范知道邓融即将面临一场牢狱之灾，他先是向邓融辞行，随后前往洛阳，改名换姓之后做了一名狱卒，尽心照顾入狱的邓融。邓融经常感觉他有些面熟，但廉范拒绝说出自己的真实姓名。后来邓融因病出狱治疗，廉范则跟随照料直至邓融病终，廉范品节之高尚不得不令人叹服。廉范不仅知恩图报，而且有勇有义。廉范与薛汉曾经有过师友情谊，不幸的是，薛汉牵连进一件谋反案，被斩首示众了。薛汉的学生与从前的朋友畏于灾祸，没有一个人敢去收尸，廉范则只身前往。明帝听说后，责问廉范："薛汉犯的是谋反罪，你为何替他收尸？同情、怜悯谋反的人，追究起来是要处死的。"听了皇帝的话，廉范并不畏惧，他正色回答说："我和薛汉有过师友情谊，我不忍心看到他身首异处。"明帝听后，不仅没有迁怒于他，反而大加赞赏起他的胆识。

柳宗元与刘禹锡是唐代著名的学者，二人也是好友。两人被贬临行之际，柳宗元赋诗曰："二十年来万事同，今朝歧路忽西东。皇恩若许归田去，晚岁当为邻舍翁。"从这首离别诗中，我们不难体会到他们之间的深厚情谊。在刘禹锡远行之际，柳宗元很快想到刘禹锡家中还有一位八十多岁的老母亲，他对好友说："你赴任的地方十分偏僻、山高路远，如何携母同行？如果不与母亲同行，一旦分离便难以相见，我不忍心看到这些。"于是柳宗元请求皇上允许他与刘禹锡互换赴任之地，以此避免刘家母子分离的处境。在关键时刻，柳宗元能够舍己为人，以好友的处境为重，给世人展现了他与朋友相处时的高尚品格。

唐代白居易与元稹也是一对好友，在患难中，白居易曾多次不遗余力地解救元稹。他给皇帝上书的奏折这样写道："元稹为人正直，如果惩治元稹，就是袒护罪恶；因为追求道义元稹才会得罪他人，如果惩罚元稹，恐怕皇上再也难以听到忠臣之谏了；元稹是因为严惩奸佞才获罪的，如果贬黜元稹，从此以后皇上便很难察觉到不法之事了。"可惜的是，元稹被贬的命运无法改变，无奈之下白居易赋诗赠予好友。此诗寄托了白居易的悲凉之情，诗中写道："嘉陵江曲曲江池，明月虽同人别离。一宵光景潜相忆，两地阴晴远不知。谁料江边怀我夜，正是池畔望君时。今朝共语方同悔，不解多情先寄诗。"白居易的感情跃然纸上，其关切朋友之意令人感伤。白居易与元稹不仅相互关心彼此的命运，两人也经常切磋学问。

宋代政治家范仲淹常常"言事无所避"，因而得罪了不少人。后来范仲淹遭人诬陷，将要受到贬黜。当时很多大臣认为范仲淹不应该被惩治，但是谏官高若讷却主张惩治，并且趁机诋毁范仲淹的人品。欧阳修是范仲淹的好友，他看不惯高若讷的做法，于是给高若讷写了一封书信，怒斥高若讷"不复知人间有羞耻事"。高若讷恼羞成怒，立即请求皇上处治欧阳修，结果欧阳修也遭到了贬斥。欧阳修不顾自身安危，为了道义勇于替好友申辩的精神令人钦佩。

南宋朱熹结识的好友众多，辛弃疾就曾与朱熹结下过一段真挚的友情。朱熹晚年不得志，学术一度遭到贬斥。朱熹去世后，一些学生与友人竟不敢前去吊唁，辛弃疾没有顾虑，他不仅前去送葬，还为好友写了一篇祭文。文中记有："所不朽者，垂万世名，孰谓公死，凛凛犹生。"祭文包含了辛弃疾对好友学问的赞赏与敬仰。朱熹与蔡元定也是好友，起初蔡元定本是拜师求学，朱熹与之交谈后，十分欣赏蔡元定的才学，他说："此吾老友也，不当在弟子列。"两人兴趣相投，时常彻夜论学。后来朱熹回忆说："造化微妙，惟识于理者能识之，吾与季通言而不厌也。"两人不仅在学业上相互切磋，著述时也经常合作。史书称蔡元定"学问多寓于熹书集中"。等到朱熹的学问遭受攻击，蔡元定不惜得罪当权者，尽力为朱熹辩护。他说："朱子学说扶正祛邪，何罪之有？"为此蔡元定被贬至道州，临行前，朱熹说："友朋相爱之情，季通不挫之志，可谓两得矣。"蔡元定赋诗曰："执手笑相别，无为儿女悲。"令人悲伤的是，这一别竟然是永别，蔡元定死于前往道州的途中。朱熹闻讯后，悲痛地写道："精诣之识，卓越之才，不可屈之志，不可穷之辩，不可复得而见矣。"唯因论学求道而结成的好友，才能付出真情实意，甚至不顾自身安危。

历史上不惜牺牲性命、救助患难之交的例子不胜枚举。如西汉时灌夫被捕，患难之交窦婴"终不令灌仲孺独死，婴独生"，竭尽全力营救灌夫，不幸的是，自己也获罪，二人均被杀害。像窦婴、灌夫这样的患难之交，在现代社会已经很难见到了。朋友有难，多数人选择明哲保身，撇清关系。

第三，守诺挚友。东汉的朱辉与陈揖是好朋友，不幸的是，陈揖早逝，去世前膝下已有一个儿子陈友。之后朱辉一直替朋友尽心照顾这个孩子，陈友学习刻苦，很有出息。有一次，南阳太守拜访朱辉，发现朱辉的儿子朱骈一表人才，于是提出希望朱骈出仕为官。朱辉说："如果官府缺人的话，我就向您举荐我的好友陈揖的儿子陈友。陈友志向远大，学业精进，比我的儿子更适合做官。"朱辉不仅不负好友的重托，而且心甘情愿地将官职让予朋友的儿子。世人往往以己为重，朱辉却以道义为重。张堪是朱辉的同乡，对朱辉非常器重，两人结成了忘年好友。有一次，张堪对朱辉说:"我想把妻儿托付给你,待我去世后请你对他们多加照顾。"朱辉深知一诺值千金,他不敢贸然答应。张堪去世后不久,朱辉听说张堪的妻子生活困难,就前去探望,并赠送了财物。朱辉的儿子对父亲的举止很不理解,他问父亲:"我很少看到您与她的丈夫有所往来,您为何要帮助他们?"朱辉语重心长地说:"张堪生前视我为知心好友,并把妻儿托付给我,当时我不敢轻易许诺,其实心里是愿意的。如今他的妻儿生活困难,我怎能坐视不理?"朱辉不轻易许诺,但在朋友的家人困窘之际,能够不遗余力地帮助他们,十分难得。

第四,忘"势"之交。东汉的蔡邕比王粲年长四十多岁,但二人却是挚友,他们之间发生过一个"倒屣相迎"的故事。一天,蔡邕与一些朋友在一起聊天,有侍者通报说王粲来访,蔡邕连忙起身相迎,匆忙之中竟将鞋子穿倒了。王粲走进来,众友一看,发现王粲只是一位少年,都不理解蔡邕为何如此礼遇王粲。王粲解释道:"此王公孙也,有异才,吾不如也,吾家书籍文章,尽当与之。"尽管年龄差距较大,但蔡邕爱惜王粲的才华,王粲也十分敬仰蔡邕的学识,两人友情日益深厚。年龄、地位、财产差异皆是"势"不同,许多人往往借"势"欺人,而真正的朋友是忘"势"之友。友道的特征在于"道",并不在于"势"。

唐代学者张九龄与严挺之为好友,史称二人"交道始终不渝"。张九龄曾经官至宰相,很欣赏严挺之的才华,任命他为尚书左丞。严挺之则重视友情,无论朋友失势还是落难,他都不离不弃，据说他曾先后帮助过数十位辞世好友的女儿出嫁。不久，张九龄遭人排挤，被迫"告老还乡"。虽然张九龄失去了高官厚禄，但他与严挺之的友情却一如既往，当世之人非常羡慕他们之间不离不弃的友谊。

第五，以"德"交友，以"诚"待友。以"德"相交是友道的标志，成为好友的关键往往是彼此道义相通。唐代杜甫有一首《赠卫八处士》的诗十分有名，卫八处士应是杜甫的一位好友，杜甫在他的住处受到了热情接待。这首诗反映了杜甫与友人的深情厚谊，诗中写道："人生不相见，动如参与商。今夕复何夕，共此灯烛光。少壮能几时？鬓发各已苍！访旧半为鬼，惊呼热中肠。焉知二十载，重上君子堂。昔别君未婚，儿女忽成行。怡然敬父执，问我来何方。问答乃未已，驱儿罗酒浆。夜雨剪春韭，新炊间黄粱。主称会面难，一举累十觞。十觞亦不醉，感子故意长。明日隔山岳，世事两茫茫。"笔者曾不止一次读到访友与送别的诗歌，古人访友不易，再次会面更不知何夕，因而这类诗歌往往蕴含了诗人的伤感，在这些伤感之情中，我们很容易感受到古人交友的诚意。列事随时而迁，世界便是沧海桑田。人生不过几十载，又有多少个二十年？时隔二十载，杜甫再次拜访好友，好友膝下已是儿女成行，如此景象让诗人如何不心生感叹？明日离别后，又不知何日能相见？

东汉班固对朋友之义的总结，奠定了古代中国朋友一伦的基本内涵。"近则正之，远则称之"蕴含了朋友责善的含义，"乐则思之，患则死之"继承了古时交友的习俗，十六个字传达的内容已十分丰富。喜欢中西文化比较的人们不妨将《白虎通》提到的朋友之道作为中国朋友思想的代表，尤其在"远则称之"的职责方面，它与亚里士多德的友朋观有显著的区别。亚里士多德说，"一起度日并相互喜悦"是成为朋友的主要标志，他说分离的时间久了，友谊就逐渐淡忘了。在君子的心中，距离若是朋友之间的障碍，"远则称之"的精义便荡然无存，"元伯、巨卿之好"也不复耳闻了。

人们渴望真正的友情，却担心受到欺骗，抱有矛盾的心理。电影《后会无期》里的浩汉起初不相信陌生人，心里有防备，好不容易相信了路人阿吕，却被阿吕骗走了车，这似乎反映了人际交往的某些现实。浩汉说狗的寿命只有十四年，不足以陪伴我们一生，但它却比人的情义长。无论现实多么残酷，我们仍要相信真正的友情，接纳真挚的朋友。读到圣贤交友的故事时，笔者的内心充满了敬仰之情，曾经那是一个怎样的时代，在他们的朋友圈内，除了论道、责善，有时竟能"患则死之"。吕思勉先生认为许友以死是古人的一类风俗，这样的事情比较多，才会有《曲礼》讲的"不许友以死"之事。虽然现代社会不需要"死之"，但朋友之间做到真诚互助却是必要的。

第四章

宋明时期的儒家"友"观念

第一节　程颢、程颐的"友"观念

读《二程集》时，感觉收获良多，虽然读过几遍《论语》《孟子》，却多有不解，但看到二程的有关阐释后，心中有些开朗处。接下来我们不妨试寻二程的思想，进入一段探索二程"友"观念的历程。

程颢（1032—1085），字伯淳，人称明道先生。程颐（1033—1107），字正叔，世称伊川先生。两人为亲生兄弟。在学术思想方面，二程的观点基本一致，他们是宋明理学的奠基人。从朱熹的著述与王阳明的《传习录》中，后人很容易读到他们对二程思想的引述与阐发。那么二程的"友"观念又是如何呢？我们试着做一下简要分析。

在《二程集》中，我们不难看到他们对佛教、禅宗的指认与批判，正是在这些批判中，后人才能辨清儒学的真面貌。何谓儒者？"通天地人曰儒"，这句话是汉代扬雄所说，它确实反映了儒者的特征，但程颐认为天地一道，通天地即通人，通人也通天地。天理或理是二程思想中不可回避的重要概念，"天者，理也"，就理与天理的含义来看，二者差别不大。"天理云者，百理俱备，元无少欠，故'反身而诚'，只是言得已上。"[1] 天德为天然完全自足之物，反身而诚可得之。天理不为尧存、不为桀亡，尽天理便是易。圣人致公心、尽天理，能使天地万物各当其分，于天地万物处循得天理便是至道。圣人循理，平直而易行。程颐说："天下物皆可以理照，有物必有则，一物须有一理。"[2] 事物各有其理，因而顺理为正。"万物庶事莫不各有其所，得其所则安，失其所则悖。"[3] 圣人顺治天下，止物各于其所。

陈淳认为性中有仁义礼智四者，万善由此而生，我们常提到的孝、悌等范畴存在于万善之中。而在二程看来，天下物皆有理，他们说"物理最好玩"。既然世间存在物之理，那么"理"在朋友处如何体现？人们怎样循理而行呢？

阅读有关资料后，我们不难发现二程的君臣观念十分接近孟子等先秦儒者的思想主张。近千年后，儒家君臣思想如此一贯，并得以发展、延续，可以称得上是中国思想史上特有的文化现象。笔者空闲时曾想起这样一个问题：在儒家思想中，为什么君臣关系总被反复提起并加以论述呢？看过谭嗣同、黄宗羲、程颢等人的著作后，笔者似乎找到了答案。

---

1 2 3 《二程集》，第 32 页、第 193 页、第 968 页。

一、君臣"同治天下"

（一）君臣因民而设

程颐的一段论述可以作为历代君臣思想的代表，他说："为人臣者，居其位，食其禄，必思何所得爵禄来处，乃得于君也。必思所以报其君，凡勤勤尽忠者，为报君也。如人主所以有崇高之位者，盖得之于天，与天下之人共戴也，必思所以报民。古之人君视民如伤，若保赤子，皆是报民也。"[1] 这段论述将天、民、君、臣四者紧密联系在一起，由此看来，君哪是至上，臣又何止为君尽义？天、民犹在！君道本于天、民，这是儒家的思想传统。程颐论君道不离天道，还反映了他天人无间的思想，天人本无二，不必言合。王者体天之道，亦与民同道，不能独私一人，当与天下大同，与天下大同，则万国咸宁。程颐说："民以为王，则谓之天王天子；民不以为王，则独夫而已矣。"[2]

孟子称"民为贵，社稷次之，君为轻"，说的也是同样的道理。君臣之道关系黎民百姓，能不重要？儒家反复论述君臣之道，用意正在于忧怀天下，为生民立命。董仲舒说："天之生民，非为王也；而天立王，以为民也。故其德足以安乐民者，天与之；其恶足以贼害民者，天夺之。"[3] 在董仲舒看来，王因民而设，德不

---

1 2 《二程集》，第264页、第273页。

3 《春秋繁露新注》，第158页。

能安民而恶足以害民，则天可夺之。汉代谷永说得更是透彻："方制海内非为天子，列土封疆非为诸侯。皆以为民也。垂三统，列三正，去无道，开有德，不私一姓，明天下乃天下之天下。"徐复观先生说："儒家对我们民族最大的贡献之一，是在二千年以前即明白指出政治乃至人君是人民的工具，是为人民而存在……人君要以人民的好恶为好恶，而不是人民以人君的好恶为好恶。"[1]程颐曾问韩持国："为何在市中聚浮图？"韩持国答道："为民祈福。"程颐说："福斯民者，不在公乎？"[2]在程颐看来，为百姓谋福不在于浮图，而在于官员诚意为民。

春秋时期就存在忠民、利民的思想。《左传》记载："所谓道，忠于民而信于神也。上思利民，忠也。"[3]童书业先生指出，"'忠'之道德（似起于春秋时）最原始之义似为尽力公家之事"[4]，为公即利民。文公闰月不告朔为非礼，《左传》指出："不告闰朔，弃时政也，何以为民？"[5]闰以正时，时以作事，事以厚生，生民之道存于礼中，文公不厚生，不为百姓谋福，于是遭到指责。宣公二年，鉏麑奉晋灵公之命谋杀赵盾，但当他看到赵盾上朝前身着盛服、坐而假寐的威仪时，立即放弃了刺杀的行动，鉏麑感叹道："此人不忘恭敬，实为百姓之主。贼民之主为不忠、

1　徐复观：《学术与政治之间》，九州出版社 2014 年版，第 313 页。

2　《二程集》，第 270 页。

3 5　《春秋左传注》，第 111 页、第 554 页。

4　《春秋左传研究》，第 243 页。

弃君之命为不信。在不忠、不信之间取舍，我宁愿死去。"最终鉏
麑触槐而死。从上面的史实来看，贼民之主为不忠，那么诚心为
民可称得上"忠"。

　程颐生病时，有医师寄来药方，程颐因此事赋诗说："至诚
通化药通神，远寄衰翁济病身。我亦有丹君信否？用时还解寿斯
民。"[1] 这首诗既表达了谢意，又反映了程颐学道的志向——寿斯
民。"寿斯民"即心怀天下百姓，孔子的志向不正是如此吗？子曰
"老者安之，朋友信之，少者怀之"，此志即圣人之事。圣人心尽
天地万物之理，孔子言安之、信之、怀之，正是天理一事。程颐
的君臣思想建立在忠民、利民的基础之上。

　春秋战国时，君臣关系与朋友有近似处。如事范、中行氏时，
豫让说"众人遇我，我故众人报之"，而事智伯时，豫让说"国
士遇我，我故国士报之"。在某些时候，君臣接近于朋友。"事君
数，斯辱矣；朋友数，斯疏矣"，大臣以道事君，不可则止。子贡
问友，孔子也说："不可则止，毋自辱。"孟子说天生斯民，使先
知觉后知、先觉觉后觉，"予天民之先觉者也，予将以斯道觉斯民
也"。孟子描绘的伊尹的抱负寄托了古代中国优秀士大夫阶层的心
声，他们出仕为臣并不是为了一姓之天下，而是为公、为民，志
在于道。

---

1 《二程集》，第 239 页。

（二）君臣有序

读《孟子》一书，除了分析孟子的言语，我们也应注意到他的行为，因为行为本身直接反映了孟子是如何遵礼的，他的言行举止能够让我们更加清楚地了解到当时礼仪的具体内容。孟子离开齐国时，宿于昼，这是一种礼，表明孟子仍然期待齐王改变想法，任用他以安齐国及天下百姓，"岂徒齐民安，天下之民举安"[1]，宿于昼可见孟子的迟迟顾恋之心。

二程分析《诗经·卫风·考槃》一诗说："贤者退而穷处，心不忘君，怨慕之深者也。"若理解为君不用其才，则士人内心躁忿，便永誓不复告君、不复见君，岂是"思无邪"？二程说："君臣犹父子，安得不怨？"[2] 诗人寤寐弗忘，"永矢弗过""永矢弗告"，更能够反映诗人怨慕之至诚。与孟子相仿，诗人怨慕同样是一片顾恋之心。从这首诗的分析可以看出二程继承了《郭店楚简》的思想，他们视君臣如父子。《郭店楚简》曾称："君犹父也，其弗恶也，犹三军之旌也，正也。"

程子批评当时一些士人，在朝者不能言，退者遂忘之，又不肯言。他说："君臣，父子也，父子之义不可绝。岂有身为侍从，尚食其禄，视其危亡，曾不论列，君臣之义，固如此乎？"[3] 在君主无"大横见加"的前提下，程子始终坚持君臣之义。人臣食

---

1 《孟子正义》，第 307 页。

2 3 《二程集》，第 41 页、第 43 页。

其禄，危亡之际却不进谏，这种做法有失为臣之道。

二程的君臣思想建立在保民的基础之上，关于君臣之义，只有在这个前提下讨论方有意义。君臣之义不仅可谈，而且必谈，谈论的原因就在于从大纲来论它是成立的，只是不能绝对化。什么是大纲呢？就天、地、人来讲，我们必须承认世间存在一定的秩序。张载说："天之生物也有序，物之既形也有秩。知序然后经正，知秩然后礼行。"[1]

具体说来，我们熟知的人际关系是有秩序的，例如父子、兄弟、夫妇、君臣，针对天序、物秩，圣人制礼使天下人遵守大纲，大纲既是现实的规律，也是天道。子弟幼年时不修礼义、不知孝悌，从小娇纵坏了，成人后更难管教。为子弟时，"于其亲已有物我，不肯屈下"[2]，难以体仁、为仁，此病根一种，若不痛定思痛，便会跟随人的一生。这样的人"为子弟则不能安洒扫应对，在朋友则不能下朋友，有官长不能下官长，为宰相不能下天下之贤"[3]，心中徇私意，则义理全失，"人而无礼，胡不遄死"[4]。礼一失而为夷狄，再失则为禽兽。圣人恐人入于禽兽，故《春秋》之法谨严。

再举一个众所周知的事例。程子曾说饿死事小、失节事大，这句言论也是就大纲来说，我们不能把它绝对化。择妇要以德配

---

1 2 3 《张载集》，第 19 页、第 281 页、第 287 页。

4 《诗经原始》，第 167 页。

身，择孀妇岂能配身？程子对这句话也做了解释，他说后人只是担心孀妇饿死，饿死一事具有特殊性，只能随事而论，而以德配身却有普遍性，不可不讲。谭嗣同说："宋儒炀之，妄为'饿死事小，失节事大'之瞽说。"[1] 此乃对二程学说的偏见。我们常说凡事从大处着眼、注重普遍规律，便是指大纲。再如人性论，为何孟子的"性善论"受到多数思想家的认可，而荀子的"性恶论"却倍受抵御呢？其实孟子等多数思想家并非不清楚历史上曾经发生了什么，与荀子一样，他们面临的几乎是共同的人情、事势。孟子以性善立论，因为他看到了人的美德，他希望人类以心为善，存心养性，收其放心。宋儒也是期待人们能重返天地之性，实现人心可臻完美的道德。通过他们自身的穷理、存养，宋儒告诉我们追求自我完善的努力是有效的，而且人们能从中体验到喜悦与快乐。"性善论"着眼于大纲，它也遵循了人性教育的合理规律。多数思想家希望人心以善为本，而不是认恶为本。性善、性恶，何者更有益于人生？恐怕不言而喻。

举"利"字而言，天下只是一个利，只在人如何用得得当，孟子未尝不清楚"善"也是利，因后人趋利便有弊，于是孟子拔本塞源，不愿言利。不肯言利也是就大处说。"圣人于道，防其始，不得不如是之严。如此而防，犹有流者。"[2] 父子、君臣是

1　汤仁泽编：《谭嗣同卷》，中国人民大学出版社 2015 年版，第 47 页。

2　《二程集》，第 157 页。

天下之达道，性善则是立人性之源，源清且流可能不清，何况源浊？学道之途，差之毫厘，谬以千里。正本清源，天下不免争乱，若不立本源，后世人的生活更不堪想象！

对待圣贤言论，若以静止的观点分析，即便力求客观，必不得其解。若以发展的观点，即以"易"辨析，便容易理解了。圣贤除了求道，还有为后世立教的情怀。如何立教才能顺天承命、功被天下？经过慎重的思考，他们讲中庸、说仁义、立性善。圣人理事，"虑之以大，爱之以敬，行之以礼，修之以孝养，纪之以义，终之以仁"[1]，在传统文化的研究中，我们要注意"虑之以大"。例如墨子本为学仁，杨朱本是学义，若学者稍偏，其流遂至于无父无君。仔细阅读墨子与杨朱的言论，墨子论尚同、兼爱，不至于视邻之子犹兄之子，杨朱谈为己，不至于无父无君，但其流必至于此。因其流有害，孟子为正其本，直接指其流弊。伯夷是圣人极清处，柳下惠为圣人极和处，圣人则兼之而时出之。清、和不至于偏，但其流也是有害。"智者乐水，仁者乐山"[2]，仁者乐在有所止，智者则乐在时中。

（三）君臣各"止其分"

在分析二程的君臣思想之前，我们需要知晓二程保民的思想，即君臣合力为天下人之天下、非为一姓之天下的思想。在这个前提下，二程尤为重视君臣义。他们认为君臣各有其职责，"为

---

1 《礼记集解》，第 579 页。

2 《论语集释》，第 408 页。

君尽君道，为臣尽臣道，过此则无理"[1]。父子君臣，为天下之定理，二程期望君臣皆能安得天分，没有私心，"有分毫私，便不是王者事"[2]。何谓王者事呢？王者事即"保民而王"[3]。但不知为何徐复观先生说："儒家'三纲'之说，将儒家对等之伦理主义改变而为绝对之伦理主义。"[4]儒家以易为道，讲求时中，何时绝对过？很多时候学术会成为理想，但道不行于世并不代表道是错误的。随着时代的发展，也许有某种学说不适合发展中的社会现状，但不能否定先贤当时的悟道。程颐说："有物必有则，父止于慈，子止于孝，君止于仁，臣止于敬。"[5]父慈子孝、君仁臣敬，自孔子至宋代程颐，早期儒家对等的伦理规范显然得到了继承与发展。

《程氏易传》是一本以"易"参悟天下达道的经典，这本书凝聚了程颐读史悟道的体会，里面记录了许多有关君臣、朋友等各类人群相处的规范与禁忌，对于后世有着极为重要的价值。余英时先生评价说，《程氏易传》"表达的是程颐本人对于政治、文化秩序的基本观点，与《易》的原始文本可以分开。他的终极关怀在秩序重建，此书便是最有力的见证"[6]。《程氏易传》还表达了程颐以天道悟人道、天人无间断的思想。

---

1 2 《二程集》，第 77 页。

3 《二程集》，第 98 页。

4 《学术与政治之间》，第 366 页。

5 《二程集》，第 968 页。

6 余英时：《宋明理学与政治文化》，吉林出版集团有限责任公司 2008 年版，第 137 页。

在君臣之义下，我们注意到君臣之间是有秩序的，父子、兄弟等人际关系也是有秩序的。既然君臣有序，这个序便被解说为君尊臣卑，在这里卑不是一个贬义词，而是与尊相对，如同天尊地卑。正好《二程集》中有"君臣篇"，我们可以从中寻觅其君臣思想的概貌，接下来我们分别分析一下君道与臣道。

程颢说王者奉天道，尽天道则为王道。"毋不敬，俨若思，安定辞，安民哉"[1]指的是君德与君道，君德即天德，君道即天道。"毋不敬"的心态，可以承担起安民的职责，安民为君德、君道的重要内容。程颐解释"克明俊德"说，帝王之道"以择任贤俊为本，得人而后与之同治天下"[2]。《易传》中君臣"共成其功"或"共成天下之事"也有此意。君臣同治天下即君臣皆以治天下为职，君臣要诚敬爱民。"若使爱敬其民如其赤子，何错缪之有？"[3]诚心求之，即使不中亦不远。

程颢为官时，坐处皆书"视民如伤"，他时常说："颢常愧此四字。""视民如伤"是儒者爱护百姓、以民为重的情感写照。《左传·哀公元年》记载："国之兴也，视民如伤，是其福也。"[4]孟子称赞文王时说："文王视民如伤。"[5]刘安礼曾就临民一事问程颢，程颢回答说："使民各得输其情。"[6]程颢说圣人如天地，以

---

1 2 3 《二程集》，第117页、第1035页、第16页。

4 《春秋左传注》，第1607页。

5 《孟子正义》，第570页。

6 《近思录集解》，第208页。

各类人群的安适为己任，还说仁者浑然与物同体。子路的志向是车马衣轻裘，"与朋友共敝之而无憾"，颜渊"无伐善，无施劳"，孔子则愿"老者安之，朋友信之，少者怀之"。三人心意相同，"皆与物共者也"[1]。

程颐将臣与君的关系比作子与父，他说臣之所以能建功立业，依靠的是君的势位与人民对君的拥戴，人臣不可恃功自傲。在他看来，唐太宗辅佐其父平天下，论功业也只是一名功臣，岂可夺太子之位？唐代纪纲，自太宗乱，因而"终唐之世无三纲"。程颐认为人臣"事君若周公可也"[2]。周公建功立业，皆属人臣当为，周公也只是尽了人臣职责而已。作为人臣，需自知不足，而不应自视有余。赐天子礼乐以祀周公，不合道义。人臣用天子礼乐，乱周公之法。君子言学以道为志，言人则以圣为志。君子为臣，当"引其君于道，志于仁而后已"[3]。为臣当升君于道、升贤于朝，自己则止其分而升其德。

在程子看来，君、臣应不设私意，皆以天下为公，且君臣各止其分。程颐说："万物庶事莫不各有其所，得其所则安，失其所则悖。"[4]君臣各有其职，思不出其位，能知止而行，君止于仁，臣止于敬，则天下可顺治。君临天下，当显明天下之道，发政施仁、诚意待物、泽被四海，不可显其小惠，欲致天下亲己。臣则

1 2 3 4 《二程集》，第21页、第71页、第72页、第968页。

竭其忠诚、尽其才力，不可阿谀逢迎以求君主厚己。臣尽其诚，用否在君，朋友相处也是如此，诚意待友，疏戚在人，不可巧言令色以求与己亲密。君臣、朋友倘能克己私欲、心中存诚，则义理常存。"义理客气，相为消长者也。以其消长多寡，而君子小人之分。"[1]

君臣同治天下，"友"则为君臣之道。程颐在"九二，见龙在田，利见大人"处指出："利见大德之君，以行其道。君亦利见大德之臣，以共成其功。"[2]君臣共成天下之事，非相友不可。程颐对张良评价较高，他说张良是一个儒者，进退之间极有道理。众人皆知汉高祖能用张良，却不知事实上是张良能用高祖。张良计谋不妄发、发必中。如后来立太子事，能使高祖必从，使之左便左，使之右便右。观张良之心，只是为天下。在对张良的评价中，我们可以体会到程颐对"君臣相友"的看法。君子有为于天下，惟义而已，不可则止，无苟为，亦无必为。君臣、朋友以理相合，其合不正，久则疏离。

在事君的具体行为上，程子提出了一些建议，如：止君恶当于其微，事君需体纳约自牖之意，忠信善道事其君。若以理示君，人君不听，臣需就他开纳处进言。汉高祖欲废太子，叔孙通进言嫡庶之分，汉高祖不肯听。张良知道汉高祖一向敬重四皓，

---

1 2 《二程集》，第 1255 页、第 696 页。

于是使四皓奉事太子，汉高祖知人心归于太子后，便放弃了废太子之意。《战国策》中，左师触龙说服赵太后，亦与上述事例相类。

综上所述，程颢、程颐的君臣思想主要表现在三个方面。第一，君臣与民同道，君应视民如伤、若保赤子，君臣合力为天下。第二，在主张政治平等的同时，程子还提倡君臣有序。第三，在以民为本的认知前提下，君臣要各止其分，"为君尽君道，为臣尽臣道，过此则无理"。君臣同治天下，"友"同样为君臣之道，张良出仕为天下，进退之间极有道理。君臣共成天下之事，非相友不可。

二、从"朋友相观"到"处朋友，务相下"

曾子说"以友辅仁"，朋友之道向来为儒家重视。程颐说人心多从亲爱之人，"常人之情，爱之则见其是，恶之则见其非"[1]。好而知其恶，恶而知其美，却天下鲜见。妻、子之言，有失却多听从，言行随从亲爱者，恐怕难合正理。出门而交即结交益友，朋友不为私情所系，因此能于己有功。程颐说"天下之可说，莫若朋友讲习"[2]，讲习能使朋友相互受益。"天下之悦不可极，惟

---

1 2 《二程集》，第 785 页、第 998 页。

朋友讲习"[1]，朋友讲习，虽过悦也无害。程颐将朋友讲习看作天下最值得喜悦的事情，因为讲习能够真正互益于彼此生命，使朋友有志于道。

　　既然交友有益于人生，那么我们应该如何选择朋友呢？程颐说："君子观象，知人情有争讼之道。"[2]他认为做事应谋其始，于事之开始绝讼端，则能免讼，如慎交结便是一例。在《荀子》一书中，我们读到过后天环境对人成长的影响，"蓬生麻中，不扶而直"[3]，而兰槐之根渐渍于苦酒或臭汁，君子不近身，因此荀子说"君子居必择乡，游必就士"，以近中正而防邪僻。

　　在《二程集》中，程子也谈到过幼童的成长环境，就此他提出了"以气动气"的解释和"养正"的教养主张。程子比较推重以前的教育方式，他说古人自幼时，耳目所见皆善处而不见异物（不善处），易于成就人才。而今人自幼时，所见不善，便日习秽恶，以气动气、和气衰减，难以造就圣贤。因此程子说，欲要婴儿善，需保留其真性。善养子者，"当其婴孩，鞠之使得所养，全其和气，乃至长而性美，教之示以好恶有常"[4]。

　　在二程思想中，"气"字出现的频率很高，"气"为形而下者，"有形总是气，无形只是道"[5]。从自然界来讲，气满天地；就人、

1 4 5 《二程集》，第84页、第57页、第83页。

2 （宋）程颐：《周易程氏传》，中华书局2011年版，第37页。

3 《荀子集解》，第6页。

物来说，生则气聚，死则气散，至于形声之类，也是气。程子将
外界施于幼童不利影响的过程称作"以气动气"[1]，可谓实际又生
动。在程子看来，善于教养的人懂得保存幼童与生俱来之和气，
避免恶气引诱真性。待孩童长大一些，再示以好恶有常，这种教
育方法即是"养正"。如果一开始就以恶引诱，即使以后人们再竭
力教养，恐怕也是徒费心力。

　　"以气动气"不只适用于教养幼童，天下无非是感与应，例如
饮食养护人的身体，也是外气涵养之道。程颐以鱼与水比喻人与
天地，他说鱼的性命并非水所造就，但它必据于水才得以生存。
人居天地气中，同样也需要外气。但外气分善与恶，得善则利于
性命，遇恶则损伤性命。人的视听言动皆是气，美善的言行可以
养护人的真性，污秽的习行则触动人的和气。

　　在日常交往中，你是否有以下体会：如果面对温温君子，我
们"如沐春风"；如果面对的是恶少悍妻，内心感受则极不舒适，
真不如耳聋。由此人与人之间的感通便可以用"以气动气"来解
释。我们也可以用"以气动气"的提法来指导交友之道。与益友
相处即是善养和气，因此选择朋友十分重要。

　　慎重交友，历来为儒者看重。程子解释"主忠信，毋友不如
己者"时说，毋与不忠不信之人交友。朱熹对"毋友不如己者"
解释较多，在内容上我们可以归纳为三类。

---

1 《二程集》，第 35 页。

第一，胜己有如己的含义，要与胜己者相交，"要得临深以为高"[1]。人交朋友，需求有益，与不如己者处，则有损而无益。朋友才不如我时，便无敬畏之意、生狎侮之心，这样做于己无益。

第二，若交友必求胜己者，在理解上已存在偏差。"无友不如己"是圣人针对现实有感而发，一般人择友的现状是"见其胜己者则多远之，而不及己则好亲之"[2]，"无友不如己"是针砭时弊、教学者之病。

第三，"无友不如己"也不是拒绝交结不及者，只是必须拒绝便佞者。这一解释和程子关于与忠信之人交友的主张相仿。"上焉者，吾师之；下焉者，若是好人，吾教之；中焉者，胜己则友之，不及者亦不拒也，但不亲之。"[3]于师，求其贤于己；于友，求其胜己；于不肖者，则绝之。从上述语句中，我们可以了解到朱熹的交友之道以及他对师、友的看法。有志于道，必慎重开始。慎重择友，是交友的前提与为人处世的开端。

张载认为"忠信进德，惟尚友而急贤"，但他也说"欲胜己者亲，无如改过之不吝"[4]。王阳明的弟子周道通曾谈到朋友讲习的益处，得朋友讲习，此志精健阔大，才有生意。若不得朋友相讲，遇事便会困，有时会忘。王阳明在给他的书信中指出，困忘之病

---

1 3 《朱子语类》，第 505 页。

2 《朱子语类》，第 506 页。

4 《张载集》，第 66 页。

恐怕是志欠真切，既知自家痛痒，更需立志调停，朋友讲习固然有益，但始终离不开自身的磨砺。"以友辅仁"含有"辅"字，朋友切磋的同时，勿忘自身立志、进德。

子夏论与人交往时说："可者与之，其不可者拒之。"子张却说"君子尊贤而容众，嘉善而矜不能"，贤人于人无不容。这两句话看似有些冲突，但把两句回答分别放在不同的情境中分析，冲突便化解了。子夏、子张论交，指出人各有所依，初学与成德者事不同。读到这两句话时，程子与王阳明一致认为，子夏在谈小子之交，子张在说成人之交。但我们也可以这样解读，子张谈的是大贤与百姓交往的态度，君子心怀天下，亲亲而仁民，《周易》记载：君子"宽以居之，仁以行之"[1]。而子夏讲的是志同道合的交友，例如"主忠信，毋友不如己者"。

儒学发展到宋明理学，才算真正完成了一次蜕变。宋明理学家们不仅完善了儒学知识，也完成了他们自身的人格，而宋明理学的意义在于后人能够循着穷理与他们修身的足迹，找到实现自我修养的路径。开始读六经时，我们虽然能略懂一些，但在内心体验上似乎还是感觉那些知识外在于我，如同学生为了高考去学习知识一样，而看过张载、二程等思想家的著述后，人们很可能会有内在于我的感受，能够找到为学门径。他们不断穷理、努力

1 （魏）王弼撰，楼宇烈校释：《周易注》，中华书局 2011 年版，第 7 页。

丰富儒家学说，同时也以经验来引导人们的认知与行为。体认宋明理学并加以实践，可谓"学而时习之，不亦乐乎"。《近思录》一书最能反映下学上达之义，它提到的齐家、出处进退辞受、存养、迁善改过等条目，既有日用处，又有大体处，体认后能使人感受到前后有较多一贯处。宋明理学强调自身体认，能够治愈学问空疏的顽疾，儒学为实学，积累日久必有心得。学者问仁，程颐说："此在诸公自思之，将圣贤所言仁处，类聚观之，体认出来。"[1] 谈到仁义礼智时，程子指出它们本于心，他说："仁义礼智根于心，其生色言四者，本于心而生色也。"[2] 宋明理学将儒学转变成随处可学、随时可用的学问，不系古与今、己与人。道学家们试图将六经中蕴涵的道抽离出来，以便为人所用。例如张载说"矫轻警惰"，这句话直指常人病处。张载说："天资美不足为功，惟矫恶为善，矫惰为勤，方是为功。"[3]

在宋明理学的学习过程中，你是否注意到一个现象，当谈到朋友相处时，理学家们似乎有一个共识：与朋友论学，更宜相观或委曲谦下。这与我们之前谈论的朋友之道有些差异，或者说依照他们的生活体验，理学家给中国式的朋友之道注入了新的内容。程子说："朋友讲习，更莫如相观而善工夫多。"[4] 相观即互相观摩，朋友在相互观摩中，学到的善处更多。

---

1 2 4 《二程集》，第182页、第41页、第23页。
3 《张载集》，第271页。

张载说:"朋友之际,欲其相下不倦。"[1]他认为与朋友交往,不为燕安而为辅仁。他观察到人们交友,都希望选择善柔之人,善柔则气合,但与朋友相处,一言不合时,却容易怒气相加,以致朋友离散。看到人们的具体表现,为了解决这一冲突,张载提出朋友之间宜主敬。敬则日益亲密、辅仁最速。君子之遇事,无巨细,一于敬而已。孔子批评一些子弟不以礼事师而且不能虚心求学,或许只为速成。朋友相下即是虚心求教。学者需先温柔,温柔可以进学,在张载看来,以温柔处朋友,获益更多。

王阳明说:"处朋友务相下,则得益,相上则损。"[2]王阳明同样认为朋友之间相互谦让,益处较多,互相争上则有损失。他又告诫九川:"与朋友论学,须委曲谦下,宽以居之。"[3]大概九川不易谦让,王阳明才着重告诫吧。这种告诫与明示也表明了社会上不少人存在着一类通病:临事分物我,不肯屈下,"外面事不患不知,只患不见自己"[4]。为治此心病,委曲谦下是一剂良药。王阳明还指出:知学的人需打破一类病痛,才能做到善与人同。欧阳崇一解释说:"这病痛只是个好高不能忘己。"[5]弟子孟源有自大、好名之病,王阳明曾屡次告诫。一天,一位朋友陈述修身功夫,孟源说:"你这是刚好找到了我以前用过的心法。"王阳明警

---

1 《张载集》,第268页。

2 3 《阳明先生集要》,第46页、第105页。

4 《二程集》,第98页。

5 (明)王阳明:《传习录》,中州古籍出版社2008年版,第366页。

示他："尔病又发！"孟源急忙为自己辩解，王阳明接着说："尔病又发！若不去病根，随居所长，只是滋养得此根。"

程子说"己"为我所有，知得最真切，因而舍己从人最难。因存"己"，便有自私之理。若难以舍己，处朋友则不易相下，程子还进一步指出即便"己"能痛舍，也可能有固守之病。处朋友时诚心谦下、虚心求善，能够治人心疾，也是一门修养功夫。

程颢说："子路亦百世之师。"[1]子路，人告以有过则喜，此时心喜很难得，因而程颢希望学者以子路为师，借他人忠言以修身补过。弟子谢良佐离别一年后与程颐相见，程颐询问他功夫做得如何，谢良佐回答要去掉一个"矜"字，他说："我感觉内心病痛尽在'矜'字，若去得这个字，才有进处。"程颐听后非常赞同。矜有自夸的含义，"自贤曰矜"，自矜是常人的心病，去矜犹如克己，克己才能做到虚心择善。

处朋友时，无论相观还是相下，实际上里面都藏有克己功夫，克去自身私欲，便是去人欲，去人欲即是识得天理。人需在事上磨练，于朋友处见得相观、相下，方知能克己复礼。程颐见人议论前辈短处，曾指导他们说："汝辈且取他长处。"[2]论学取人长处，能显现人们谦下、虚心的态度。持有谦虚的心态与朋友相处才能获益，否则只是固执己见。

在《论语》中，儒者虚心求学的精神并不鲜见，例如孔子称

---

1 2 《二程集》，第68页、第436页。

赞孔文子"不耻下问",曾子赞誉他的朋友"以能问于不能,以多
问于寡,有若无,实若虚"。张载说:"在朋友则不能下朋友。"也
许相观、相下是对儒家恭敬、虚心精神的传承,它是程子、张载
等人对生活细致观察、谨慎思考而得出的结论,反映了人能虚心、
谦让的美德。处朋友、务相下离不开良好的道德修养。张载说学
者处事常责己,"责己者当知天下国家无皆非之理"[1]。责己即督责
自身,与朋友交往也应遵循此理。

由上述内容来看,朋友以温和相处,我们似乎感觉少了些责
善的氛围,难怪后人有时责难宋儒尽是乡愿!"乡愿"这一评价
是否客观呢?答案显然是否定的。实际上,儒家以易为道、讲求
时中,若结论与现状相和,药能因病而施,此时的见解便是合理
的。由此我们可以将朋友之道的内容归纳得更加详细,责善、近
则正之与朋友相观、相下都是处友之道,对常人来讲,相观、相
下益处更多。把握朋友之道关键在于人们能合理运用,"时中"
则正。

三、责友以善

读《传习录》时,我们时常见得王阳明与朋友切切偲偲的场
景。一天,王阳明询问诸友功夫做得如何,一友说虚名意思,一

---

1 《近思录集解》,第 136 页。

友述说今昔异同。王阳明说，你们一个说光景，一个说效用，不仅不是功夫，反而在"助长外弛病痛"[1]。为善之心真切，见善即迁，有过即改，才是真功夫。看到这处对话时，我们犹如穿越到几百年前的师友之间，在朋友真诚的交流、责善中，学问与见识得以改善，志于道才是朋友相聚、求学的真正缘由。

《二程集》中，程子有不少对王安石的评论。程颢与人论王安石之学时说："为我尽达诸介甫，不有益于彼，必有益于我也。"[2]世人往往将别人对自己学问的批评当作对自身的批评，其实没有道理，学问与自身原本就是两回事。程颢从容的气象深得王阳明称赞，他愿天下朋友皆如此。王阳明说求道之人以立志求学为要紧事，"且论自己是非"。天下有议论我者，若能从中取善，皆是切磋砥砺之言。荀子说："非我而当者，吾师也。"倘世人不在批评之上增加好恶，能从批评中吸取教训，从而立志求学不懈，则师友之道明于天下。朋友讲习的益处在于能常使心有志于道，不为客气、旧习缠绕。客气为血气，生理欲念所发之气，旧习即不良的习行。人若有利欲之心，则与"道"相背离。

责善同样为程子看重，他认为事前讲求适当的责善方法，劝告才能有效。有人曾经问他，与人相处时，如果对方有过失而不

1 2 《阳明先生集要》，第 74 页、第 191 页。

告知，则于心不安，告诉对方又担心不被接受，该怎样做才好呢？程子说，与人相处而不告知其过失，是不忠。"要使诚意之交通在于未言之前，则言出而人信矣。"[1]为了解决告人以过的难题，程子提出了以诚待人的办法。要想使他人听从建议，我们应以诚感人，得到他人信任后才能做到"言出而人信"，不能打动人，只因未达至诚。

程子指出，责善之道要使"诚有余而言不足"，这样做对人有益，也不会使自身受辱，"'信而后谏'，唯能信便发得人志"[2]。在传统的责善之道中，程子将至诚作为责善的关键与前提，并辅以"言不足"的表达方式。"言不足"需以智动人，做到"言不足"离不开人们的精心思考，"言不足"三个字显示了古人的谈话艺术，是了不起的中华智慧。"言不足"的妙处在于能给他人留有自我觉悟的余地，指过的同时能够照顾到对方的感受，不会招致怨恨与灾祸。

程颐言："今责罪官吏，殊无养士君子廉耻之道。必断言徒流杖数，赎之以铜，便非养士君子之意。如古人责其罪，皆不深指斥其恶，如责以不廉，则曰俎豆不修。"[3]"言不足"的智慧除了用于朋友责善，在其他一些场合也有不俗的发挥。

《白虎通疏证》记有隐恶之义。古人有出妻（即休妻）一事，

---

1 2 3 《二程集》，第74页、第147页、第112页。

妻有不善，便当出。读书时，我们也许会心生困惑，对姑（指夫之母）叱狗、藜蒸不熟显然是些小事，为何成为出妻的理由？其实对姑叱狗、藜蒸不熟只是托辞，并非出妻的真正原因。君子不忍以大恶出其妻，遂以微罪去之，由此可见君子忠厚之义。古人绝交无恶言，去臣无恶声，弃妻令其可嫁，绝友令其可交。对于弃妻、绝友这类事情，自己理直且妻、友知其罪过就可以了，何必使他人尽知实情？而有识者自然知晓。反之，如果彰显妻、友之不善，则是自己浅薄而已。

就人情而论，多数人说话"多欲令彼曲我直"[1]，"彼曲我直"即对待冲突时，人们常把自己的想法视为正确无误，而把对方的言行看作不正确，但君子并不这样做，君子说话有包涵与宽容的意思。班固将绝交不出恶言称为隐恶，他认为朋友、夫妻有相隐之义。在东晋葛洪的书中，我们也能读到朋友互相隐恶的说法，他说君子交绝无恶言，朋友之义有"护其短而引其长，隐其失而宣其德"的内涵。

四、朋友"以敬为主"

若继续寻找二程论朋友之道的内容，朋友间主敬是其显著特征，但朋友之间主敬已经是"敬"之事了。程颐说君臣朋友，皆

---

1 《二程集》，第243页。

当以敬为主，君子淡以成，小人甘以坏。程颐常谈"敬"，"敬"与"致知"是他提倡的功夫纲领。"敬"属于内界功夫，"主一之谓敬"[1]，"主一"则是"中"与"内"，"主一"则天理明。不敢欺、不敢慢、不愧屋漏皆属"敬"。

在《论语》中，孔子说晏婴善于与人交往，他指出晏婴与人交往的特点在于"久而敬之"[2]。交友久则敬意衰是很多人的切身体会。为何久则敬意衰减呢？也许是没有了新鲜感；也许是交往时间一长，对方的缺点逐渐暴露，优点也不再突出，很难使人产生诚敬之心。晏婴则与众不同，交往时他能做到"久而敬之"，因此得到了孔子的称赞。仲弓问"仁"时，孔子回答"出门如见大宾，使民如承大祭"[3]，有此气象之人定能敬人，动容周旋中礼自然。由此可见，擅长与人交往的晏婴，已能行仁。张载也说朋友之间宜主敬，敬则使人亲密。久而能敬便是天理发见处。

既然"久而敬之"是孔子称赞的美德，那么与人交往时如何保持诚敬之心呢？程颐说："涵养吾一。"[4]周敦颐说，"一"是学之要，"一者无欲也"[5]。"不可以己待物"[6]，涵养日久则存得天理，有诸中便形诸外，与人交往时自然有诚敬的气象。

---

1 4 6 《二程集》，第 1173 页、第 143 页、第 165 页。

2 3 《论语集释》，第 327 页、第 824 页。

5 《近思录集解》，第 104 页。

程颢说人道只在忠信，"诚者天之道，敬者人事之本"[1]。程颐说"出门如见大宾，使民如承大祭"属"敬"，"敬"是不私。不敬时，私欲万端便害于仁。"俨然正其衣冠，尊其瞻视"[2]，其中隐含"敬"。

需要指出的是，在程颢、程颐的思想中，"敬"主要强调的是功夫，它与《论语》中的"敬"、张载提到的"敬"存在差异，具体到待人处事时，他们常说"恭"字。"敬是持己，恭是接人"[3]，与人恭而有礼，交往时循理自当如此。陈淳在《北溪字义》中说："恭就貌上说，敬就心上说。恭主容，敬主事。"[4]与人交往瞻视时，亦需节制。"己之敬傲必见于视。"[5]柔心才能视下，言听才会诚敬、信实。

"久而敬之"，孔子称赞的是晏婴久而不失诚敬的美德，而实际上多数人时间一久待人之敬意便衰减。"久别故人疏"，故人可以是曾经的玩伴或朋友，但随着时间与空间的隔离，很多故人容易疏远。原壤是孔子的故人，他的母亲去世后，孔子帮助他修整棺椁。没想到原壤竟登上椁木唱起歌来，孔子假装没有听见。跟随孔子的人说，原壤实在无礼，难道您不可以与他绝交吗？孔子说，我曾经听到过这样一句话："亲者毋失其为亲也，故者毋失

---

1 2 3 《二程集》，第 127 页、第 185 页、第 184 页。

4 （宋）陈淳：《北溪字义》，中华书局 1983 年版，第 36 页。

5 《张载集》，第 268 页。

其为故也。"孔子并没有因原壤无礼而与之绝交。从这个小故事
中，我们认识到的是先贤不忘昔日友情。或许小时候的玩伴还未
定性，受到成长环境的影响，性格、见识会发生很大的变化；也
许以前曾是好友，现在却很难成为志同道合的朋友。志向一旦不
同，就要绝交吗？儒家的传统文化还告诉我们：应不忘旧时友情。
孔子与原壤的故事使人联想起四个字：朋友有旧。"朋友有旧"见
于《白虎通》。"朋友有旧"与"故者毋失其为故"表达的含义近
似。就此，笔者不得不提出一个问题："朋友有旧"与绝交之说冲
突吗？实际上，二者并不矛盾。在《礼记》中，"朋友有旧"是
就大处说，它也是民众的礼仪规范，而志趣不同则分手避让属于
儒者的言行，它们分别针对不同的人群。若进一步分析，则需遵
照朱熹的说法，何时"疏之以渐"，何时绝交，应合理把握时机与
分寸。

慎重择友几乎是历代儒者的交友共识，而二程"以气动气"
的解释为"慎交结"之说提供了崭新的内容。另外，"朋友相观"
与"处朋友，务相下"是宋明时期的儒者对交友的普遍认识，也
是这一时期交友思想的显著特征，它反映了儒者虚心克己的修养
要求。

第二节 "君臣友朋，相为表里"：
何心隐的友朋思想

何心隐的友朋思想在明代儒者友朋思想中具有举足轻重的地位，他的友朋观具有社会实践意义。他期望通过师友关系积聚力量，发挥以下致上的作用，从而实现友朋之道。他提出的"交尽于友""君臣友朋，相为表里"等观点是之前儒家学者鲜有提及的。他的友朋思想与他的仁义论也有密切的联系。

泰州学派是明代中后期王门后学中一个较有影响力的学派，阳明之学经由泰州学派得以广泛传播，也因泰州学派而发生了重大变化。何心隐是泰州学派代表人物之一，本姓梁，名汝元，字柱乾，号夫山。因避严嵩党羽之祸，改名易姓为何心隐。何心隐的著作中有《师说》和《论友》两篇，可见他对师友关系的特殊关注。他认为"道而学尽于友之交"，并指出其他四伦有明显的弱点，如兄弟易比较、夫妇易匹敌、父子易亲昵、君臣易欺凌与攀附，是"小乎其交者也"，因而在五伦之中他最看重朋友一伦。何心隐的社会活动也多置身于师友之间，黄宗羲说"心隐之学，不堕影响，有是理则实有是事，无声无臭，事藏于理，有象有形，理显于事"[1]。正如黄宗羲评价的那样，何心隐的友朋观与他的社会实践可谓互为里表，颇具特色。

---

1 《明儒学案》，第 705 页。

一、"交尽于友"

为什么何心隐会提出"交尽于友"的主张? "交尽于友"的论点又有哪些特征呢? 在下文中, 笔者尝试从四个方面进行分析。

(一)有助于道而学

何心隐以《周易》里的泰卦来比拟朋友一伦, 他说: "天地交曰泰, 交尽于友也。友秉交也, 道而学尽于友之交也。"[1] "泰"是《周易》里的卦名, 下乾上坤, 象征"通泰"。《序卦传》: "泰者, 通也。"[2] 卦辞为: "小往大来, 吉, 亨。"《彖》曰: "天地交而万物通也, 上下交而其志同也。内阳而外阴, 内健而外顺, 内君子而外小人。君子道长, 小人道消也。"[3] 《象》曰: "天地交, 泰; 后以财成天地之道, 辅相天地之宜, 以左右民。"[4] "泰"的卦相为天在下、地在上, 意在上下交通, 阐明事物"通泰"之理。

何心隐正是看到了泰卦主"交"的特征, 他认为"友秉交""交尽于友", 并进一步提出"道而学尽于友之交"的主张。"友"有互相帮助之义, 许慎的《说文解字》称: "同志为友。从二又相交。"[5] "其志同"是友道的特征, 何心隐借泰卦"上下交而其志

---

1 《何心隐集》, 第 28 页。

2 3 黄寿祺、张善文:《周易译注·上》, 上海古籍出版社 2007 年版, 第 73 页。

4 《周易译注·上》, 第 74 页。

5 《说文解字注》, 第 116 页。

同"的内涵论证了"交尽于友"的观点，由于友道承载了道与学的认知过程，因此它得到了何心隐的重视。曾子曰："君子以文会友，以友辅仁。"[1] 曾子将友道的作用定位为"辅仁"，《郭店楚简》载"同悦而交，以德者"，孟子也主张"友也者，友其德"，他们无一例外地将"德"视为"友"的必备品质，而"德，天道也"，以德交即以天道交，可见在先秦时期的儒家思想中，友道的重要性就已经体现出来了。

（二）"交尽于友"与仁义

"交尽于友"的提出与何心隐的仁义观密不可分。他说："仁无有不亲也，惟亲亲之为大，非徒父子之亲亲已也，亦惟亲其所可亲，以至凡有血气之莫不亲，则亲又莫大于斯。亲斯足以广其居，以覆天下之居，斯足以象仁也。义无有不尊也，惟尊贤之为大，非徒君臣之尊贤已也，亦惟尊其所可尊，以至凡有血气之莫不尊，则尊又莫大于斯。尊斯足以正其路，以达天下之路，斯足以象义也。"[2]《郭店楚简》说"爱亲忘贤，仁而未义也。尊贤遗亲，义而未仁也"[3]，则爱亲属仁，尊贤是义。孟子认可了《郭店楚简》"贵贵""尊贤"的说法，他说："用下敬上，谓之贵贵；用上敬下，谓之尊贤。贵贵、尊贤，其义一也。"孟子认为"亲亲"是仁，"敬长"为义，仁义可"达之天下"。

---

1 《论语集释》，第 878 页。

2 《何心隐集》，第 27 页。

3 《郭店楚简校释》，第 148 页。

《郭店楚简》与孟子将"亲"固定在父子之亲等血缘之亲内，而何心隐说"仁无有不亲"，他把"亲亲"的范围扩大，将"亲"看作"凡有血气之莫不亲"，把尊释为"凡有血气之莫不尊"，希望最终实现"广其居，以覆天下之居"和"正其路，以达天下之路"的仁义境界。而仁义境界的实现依赖于现实人伦关系的协同，更重要的是何心隐认为友朋一伦具有其他四伦所不具备的优点，能够担当起通仁的重任。朋友间没有血缘关系，才能真正做到以义相合。

何心隐论"仁"的观点继承了明代王艮"无所不包故谓之仁""能爱天下，则天下凡有血气者莫不尊亲"的思想。王艮的"尊亲"思想突破了传统的"亲亲""尊贤"框架，何心隐的"尊亲"观点与他"凡有血气者莫不尊亲"的思想一脉相承。但何心隐论述"仁"与"亲"的体系更加系统、完备，他从"仁无有不亲"论起，继而由"凡有血气之莫不亲"进一步提到"亲斯足以广其居，以覆天下之居"，在天下的高度上将"亲"的效用重新归为"仁"。

何心隐的学说与王阳明的思想也有相似之处。王阳明提出"视天下之人，无外内远近，凡有血气，皆其昆弟赤子之亲"[1]。王阳明认为"朋友"与"仁"存在密切联系，"吾之仁"与朋友终要到达一体之境，而联结"朋友"与"仁"的践行途径在一"亲"

---

1 《阳明先生集要》，第 222 页。

字，亲吾朋友，以及人之朋友，以及天下人之朋友，从而达到吾之仁与吾之朋友、人之朋友与天下之朋友为一体的境界。亲友朋是亲民的一部分，只有亲"凡有血气"者才能"达吾一体之仁"，最终"以天地万物为一体"。《大学问》记载："故明明德必在于亲民，而亲民乃所以明其明德也……君臣也，夫妇也，朋友也，以至于山川鬼神，鸟兽草木也，莫不实有以亲之，以达吾一体之仁，然后吾之明德始无不明，而真能以天地万物为一体矣。"[1] 王阳明主张通过亲民达到"一体之仁"，实现"以天地万物为一体"。他从基本的人伦关系谈起，进而把"亲"提升到了对世间万物"莫不实有以亲之"的境地，可以说在"仁"的论述上，王阳明、王艮与何心隐的看法基本一致。

何心隐有关"仁"的思想受到了王艮"万物一体"学说的影响。"万物一体"的命题在先秦时期早已存在，庄子说天地与我并生，而万物与我为一。张载提出："天地之塞，吾其体；天地之帅，吾其性。民吾同胞，物吾与也。"[2] 程颢也讲"仁者以天地万物为一体"[3]，王阳明指出，"万物一体的大我之境的本质是'仁'或'爱'"[4]。程颢说，"学者须先识仁。仁者，浑然与物同体"[5]，"仁也，万物一体之道也"。仁为"万物一体之道"，仁"无所不

1　《阳明先生集要》，第 146 页。

2　《张载集》，第 62 页。

3 5　《二程集》，第 1179 页、第 16 页。

4　陈来：《有无之境——王阳明哲学的精神》，北京大学出版社 2013 年版，第 249 页。

包",则何心隐"仁无有不亲"观点的提出也就顺理成章了。"仁"的地位如此重要,作为现世的人如何实现"仁"就是接下来要思考的问题了。在修身、亲民的实践中,何心隐最终锁定了友朋一伦,当子贡问孔子如何"为仁"时,孔子说"友其士之仁者",可见与具备"仁"德的人交友便是"为仁"的方法。

自王艮始,徐樾、颜钧等人都怀有天下、国家的社会责任感,正是泰州学派这一积极入世的风貌在很大程度上影响了何心隐的学说和行为,何心隐对友道的赞同与推崇达到了明末儒者友朋思想的高峰,他的学说甚至影响到了清末一些学人的思想。谭嗣同认为"于人生最无弊而有益,无纤毫之苦,有淡水之乐"[1],唯有朋友。他说朋友关系一曰"平等",二曰"自由",三曰"节宣惟意"。曾子曰:"君子以文会友,以友辅仁。"朱熹注:"讲学以会友,则道益明。"[2]朱熹把"文"解释为"讲学",钱穆注:"文者,礼乐文章。君子以讲习文章会友。"无论与友讲学还是讲习文章,朋友切磋既可明道又能明德,五伦之中也只有朋友能完全做到这一点。

(三)朋友一伦拟"天地之交"

五伦之中,"昆弟非不交也,交而比也,未可以拟天地之交也。能不骄而泰乎?夫妇也,父子也,君臣也,非不交也,或交而匹,或交而昵,或交而陵、而援。八口之天地也,百姓之天地

---

1 《谭嗣同卷》,第48页。

2 《四书章句集注》,第141页。

也，非不交也，小乎其交者也。能不骄而泰乎？"[1]在何心隐看来，兄弟、夫妇、父子、君臣之间的关系都有明显的弱点，如兄弟易比较、夫妇易匹敌、父子易亲昵、君臣易欺凌与攀附，是"小乎其交者也"。若人际关系羁縻于"八口之天地"，社会将很难达到至善的境地，更谈不上仁义的实现。朋友一伦因其比拟于"天地交"，"道而学尽于友之交"，能够担当起实现仁义的重任。

何心隐指出这四伦的缺点，并不是否定兄弟、夫妇、父子与君臣的关系，只是更加肯定了他对朋友一伦的重视。若这四伦能舍弃各自的短处，也是能为他所用的。"不落比也，自可以交昆弟；不落匹也，自可以交夫妇；不落昵也，自可以交父子；不落陵也，不落援也，自可以交君臣。"[2]有学者认为："何心隐强调朋友一伦，乃是根植于他视人为独立个体的观点上，他以人为社会的中心，而社会是人的集合体，社会关系则是以个体为基础所展开的关系，因此个体与个体之间皆为朋友，彼此平等而互相尊重，人际关系应高于人伦关系的藩篱限制，即不致落于偏狭的关系中。"[3]在何心隐看来，朋友关系与天地之交相类，"法象莫大乎天地，法心象心也……天地此法象也，交也，交尽于友也。友秉交也。"[4]

1 2 4 《何心隐集》，第 28 页。
3　张琏：《何心隐的社会思想论析》，《史学集刊》1998 年第 1 期。

（四）以师友为重

因师友能够辅仁，师友关系为历代学者所重视。何心隐认为实现孔子之道需借助"师友"的力量。他以尧舜、文王与武王、武王与周公为例，指出三代之前师友关系存在于君臣、父子与兄弟之间，"君臣相师，君臣相友，尧舜是也。旨出于尧而宗于舜，不有二也。父子相师，父子相友，文武是也。旨出于文而宗于武，不有二也。兄弟相师，兄弟相友，武周是也。旨出于武而宗于周，不有二也。"[1]他非常重视师道，认为师"惟大为泰"。

"师也，至善也。非道而尽道，道之至也。非学而尽学，学之至也。可以相交而友，不落于友也。可以相友而师，不落于师也。此天地之所以为大也。惟大为泰也，师其至乎！"[2]道需借助"师"才能广播天下，师是至善。荀子说："非我而当者，吾师也。"他主张"隆师而亲友"，师法是"人之大宝"，无师法是"人之大殃"。师法有助于人"隆积"，无师法则"隆性"。韩愈在《师说》里提道："古之学者必有师。师者，所以传道受业解惑也……弟子不必不如师，师不必贤于弟子，闻道有先后，术业有专攻。"[3]

在传统思想里，师、友是儒家学者时常谈论的话题。在《孟子》中有这样一段记载，鲁缪公欲与子思为友，子思不悦，坚持因德居于被事之位。

1 2 《何心隐集》，第 37 页、第 27—28 页。

3 （唐）韩愈：《韩愈集》，山西古籍出版社 2005 年版，第 132 页。

> 缪公亟见于子思，曰："古千乘之国以友士，何
> 如？"子思不悦，曰："古之人有言，曰事之云乎，岂曰友之
> 云乎？"子思之不悦也，岂不曰："以位，则子，君也；
> 我，臣也。何敢与君友也？以德，则子事我者也。奚可
> 以与我友？"

在子思看来，论地位，鲁缪公与他是君臣关系，但论道德，鲁缪公是向他学习的人。依照当时的一般观念，士和君主的关系可分为三类，即师、友与臣。《白虎通·王者不臣》一章记载了"暂不臣者五"，因"尊师重道，欲使极陈天人之意"，王者暂不臣"授受之师"。《礼记·学记》称："大学之礼，虽诏于天子，无北面，所以尊师也。"[1]尊师被纳入约定俗成的礼仪，君不臣师，既表明了国君对贤者的尊敬，也暗示国君恪守了礼制。

《郭店楚简》载："友，君臣之道也。"王艮说唐虞君臣只相与讲学，相与讲学的君臣正是师友关系。何心隐对王艮的学说加以发展，他在《宗旨》中提到了"君臣相师，君臣相友"，后来黄宗羲在《原臣》篇指出臣"以天下为事，则君之师友也"。黄宗羲主张将"天下"作为根本的价值出发点来实现君臣之义，他"以天下为事"的思想与北宋士人阶层的共识是一致的。黄宗羲发挥了程颐君臣"同治天下"的思想，说："原夫作君之意，所以治天下

---

1 《礼记集解》，第968页。

也。天下不能一人而治，则设官以治之。是官者，分身之君也。"[1]
由此可知何心隐与黄宗羲等人都无一例外地继承了《郭店楚简》
与孟子的友朋思想。

在宋明时期，师友是相当重要的一类社会关系。无论是朱熹、
王阳明，还是泰州学派的王艮、颜钧等人，他们所处的师友之间
以道相交、"以友辅仁"。他们的交友事迹所反映出的诚心、笃信
之道，实为后世榜样。朱熹对友道的重要性有明确的认识，他认
为："朋友之于人伦，所关至重！"[2]朱熹说："朋友乃彝伦之一。
今人不知有朋友之义者，只缘但知有四个要紧，而不知朋友亦不
可阙。"[3]

朱熹交友较广，他与陈亮、叶适、辛弃疾、吕祖谦、张栻等
人的交往事迹更是传为一代佳话。朱熹是陈亮的辩友，在学术上
虽然他们有重大争论，但彼此仍保持了良好的友谊，这是因为
"责善，朋友之道也"。真正的朋友在治学等方面是可以相互批评
的，并不会因此疏远彼此的友情。朋友之间没有任何强制性的权
利和义务，只能靠"信"来维系。朱熹经常提到"曾子三省"，他
把"与人交，不信乎"作为每天自省的内容之一，可见信之重要。
朱熹认为"信"出于人的内心，为"人心天命之自然"，他认为
"信"是不变的定理。

---

1 《明夷待访录校释》，第21—22页。

2 3 《朱子语类》，第234页。

王艮的弟子，包括颜钧，对朋友的真挚情感与亲为之事近于侠的行为。《明儒学案》记载，王艮的弟子陶匠韩贞"遂以化俗为任，随机指点农工商贾，从之游者千余"[1]。颜钧"以布衣讲学，雄视一世而遭诬陷"，罗近溪讲学于广慧寺，"卒以一官不见容于张太岳"，何心隐"出头偿道而遭横死"，李贽以异端入狱、"持刀自割其喉"。以上学者均以朋友为念、明理倡道，却为世俗不容，明代末期这一历史、文化现象的存在，不得不引起我们深思。

"近则正之，远则称之，乐则思之，患则死之"是《白虎通》提倡的朋友之道，也是中国古代朋友一伦的基本内容。颜钧与朋友的交往可谓侠义之举，"山农游侠，好急人之难。赵大洲赴贬所，山农偕之行，大洲感之次骨。波石战没沅江府，山农寻其骸骨归葬。颇欲有为于世，以寄民胞物与之志"[2]。颜钧入狱后，他的学生罗近溪"尽鬻田产""不赴廷试"，待颜钧出狱后，亲身侍奉左右。"山农以事系留京狱，先生尽鬻田产脱之。待养于狱六年，不赴廷试。先生归田后，身已老，山农至，先生不离左右，一茗一果，必亲进之。诸孙以为劳，先生曰：'吾师非汝辈所能事也。'"[3]

宋明时期师友的氛围极浓，在一定程度上影响了何心隐友朋观的形成。李贽在《何心隐论》借高心隐者的话语说："凡世之人

---

1 3 《明儒学案》，第720页、第761页。

2 《容肇祖集》，第379页。

靡不自厚其生，公独不肯治生。公家世饶财者也，公独弃置不事，而直欲与一世贤圣共生于天地之间。"[1]何心隐效法孔子之道，"以天下为家而不有其家，以群贤为命而不以田宅为命"[2]。由于益友可以"证道"，因而师友为历代学者所重视。

二、"君臣友朋，相为表里"

纵观中国古代思想史，君臣、友朋并提，不是何心隐首次谈及，但"相为表里"的论述却是他友朋思想的鲜明特点。《论语》提到君臣与朋友有着相似性，"事君数，斯辱矣；朋友数，斯疏矣"，将君、友放在一起讲，可见此两伦较为接近，"古称此两伦以人合"。《郭店楚简》有时将友、君臣同举，如"友、君臣，无亲也""君臣、朋友，其择者也"，但《郭店楚简》还有一句论述引起了笔者的注意，即"友，君臣之道"。在子思之儒看来，以友相待是处理君臣关系的准则。以"友"来规范君臣关系，是儒家友朋观的一个新变化。庞朴先生在《三极：中国人的智慧》中说："中国哲学家则似乎不愿停留在不稳定的对立上，而总是更进一步，找到包含对立、超越对立、制约对立、代表对立的和谐，也就是在一、二之后找到三，以作为第一原则。这大概便是中国人的智慧所在。"[3]由此来看，君、友、臣恰好构成了平衡之势，从

---

1 2 （明）李贽：《焚书　续焚书》，中华书局 2009 年第 2 版，第 88 页。

3 　庞朴：《三生万物：庞朴自选集》，首都师范大学出版社 2011 年版，第 138 页。

而实现了君臣关系的和谐，"友，君臣之道"无疑是"三极"说的
例证之一。

《孟子》首提五伦："人之有道也，饱食暖衣，逸居而无教，
则近于禽兽。圣人有忧之，使契为司徒，教以人伦：父子有亲，
君臣有义，夫妇有别，长幼有叙，朋友有信。"[1]在五伦中，何心
隐非常重视君臣、朋友，他认为父子、昆弟、夫妇之道因君臣、
朋友两伦始明。他说："达道始属于君臣，以其上也。终属于朋
友，以其下也。下交于上，而父子、昆弟、夫妇之道自统于上下
而达之矣。"[2]

"君"有时特指诸侯，则"国君"一词指代诸侯国的君主。对
"君"早期含义的了解，有助于我们理解有关史实的内涵。《礼
记·坊记》记载："礼，君不称天，大夫不称君。"[3]此处的"君"
指的便是诸侯。依礼，天子在，诸侯不得称天；诸侯在，大夫不
得称君。"《春秋》不称楚、越之王丧"为何？因楚、越为诸侯国，
国君不得称"王"，而天子可称王。"择日月以见君""君不与同姓
同车""士受命于君""君命逆则臣有逆命"中的君也指诸侯。在
《礼记》中，"君"作为专有人称名词，已经很明显了。《白虎通》
称："王者不纯臣诸侯何？尊重之，以其列土传子孙，世世称君，
南面而治。"[4]这句话明确指出了君为诸侯的代称。"大夫去，君扫

1　《孟子正义》，第 386 页。

2　《何心隐集》，第 66 页。

3　《礼记集解》，第 1283 页。

4　《白虎通疏证》，第 320 页。

其宗庙，故服齐衰三月也。"[1]此处大夫与君同时出现，表明大夫的职位次于君，也就是次于诸侯。

"三代以上，宗旨出于上，皇极之类是也。三代以下，宗旨出于下，人极之类是也。"[2]三代以上，"宗旨出于上"，父子、兄弟、师友从属于君臣，故"父子一君臣也，兄弟一君臣也，师友一君臣也"。君臣之道在实现仁政的途径上有"用之而有功"的积极效用，何心隐指出"旨出于上，而下自宗之，不强用功而功无有不用也，用之而有功也"[3]。由先秦时期的相关文献可知，三代以上，君臣之道治民俗、传教化，力主大道。"政者正也。君为正，则百姓从政矣。君之所为，百姓之所从也。"[4]若政不行，则教不成。三代以后，宗旨归于下，因而朋友是大道。

（一）友朋设教与君臣出政

在他看来，父子、兄弟、夫妇虽是天下达道，但不能统合天下。当君臣之道聚合天下之豪杰以行仁政，友朋之道集聚天下之英才以行仁教之时，天下才能通达太平。"《中庸》，象棋子也。《大学》，象棋盘也。对着是棋，于上惟君臣，尧舜以之。对着是棋，于下惟友朋，仲尼以之……惟君臣而后可以聚天下之豪杰，以仁出政，仁自覆天下矣。天下非统于君臣而何？故唐虞以道统

1　（汉）郑玄注，（唐）贾公彦疏，王辉整理：《仪礼注疏》，上海古籍出版社2008年版，第948页。
2 3　《何心隐集》，第37页、第38页。
4　《大戴礼记解诂》，第13页。

统于尧舜。惟友朋可以聚天下之英才，以仁设教，而天下自归仁矣。天下非统于友朋而何？故春秋以道统统于仲尼。"[1]

传统思想认为道统自圣王出，韩愈的道统论与《孟子》一书蕴含的道统基本一致，儒家之道在尧、舜、禹、汤、文、武、周公、孔子的谱系中一脉相承。何心隐在传统道统说的基础上认为三代以下，"宗旨出于下"，道统自"人极"的时代重新开启，宗旨不出自最高的统治者，而是来自贤明的士人阶层。

何心隐认为君臣、朋友之间不是孤立的，而是"相为表里"，"下交于上，而父子、昆弟、夫妇之道自统于上下而达之矣"[2]。"君臣友朋，相为表里者也。昔仲尼祖述尧舜，洞见君臣之道，惟尧舜为尽善矣。而又局局于君臣以统天下，能不几于武之未尽善耶？此友朋之道，天启仲尼，以止至善者也。古谓仲尼贤于尧舜，谓非贤于此乎！且君臣之道，不有友朋设教于下，不明。友朋之道，不有君臣出政于上，不行。行以行道于当时，明以明道于万事，非表里而何？"[3]在何心隐看来，三代之前，唐虞以道统统于尧舜，君臣力主大道；三代以后，道统归于孔子，友朋已统摄大道。友朋以君臣之道来教导士人，士人则依靠"君臣出政于上"来实践人道。

实际上，先秦时期儒家思想的主要内容正是何心隐谈论的君臣之道，君臣之道既是仁道，又是仁政。当何心隐看到道统在春

---

1 2 3 《何心隐集》，第 66 页。

秋时期已统于孔子时，他明确指出春秋以后友朋已统领大道，由于友朋之道离不开君臣施政，于是"君臣友朋，相为表里"的观点由此而生。

（二）"友"与统夫天下之会

在何心隐的理想社会里，老者相与以安，朋友相与以信，少者相与以怀，天下自归仁。为了实现这一理想抱负，何心隐提出了组"会"的学说。"会"为"取象于家，以藏乎其身"，"主会者，则取象于身，以显乎其家"[1]。身藏于会，如同身藏于家；参与"会"的个体彰显其"会"，如同身彰显于家。五伦之中，唯有友朋一伦最能在参与"会"的个体中间发挥作用。何心隐把朋友一伦置于父子、兄弟、夫妇关系之上，目的是要建立以师友关系为核心的"会"。在"会"里，人之间是朋友关系，上下级之间是师生关系。

"象物而象，形物而形者，身也，家也。心、意、知，莫非身也，本也，厚。天下、国，莫非家也，厚也，本也。莫非物也，莫非形象也。"[2]心、意、知属"身"，天下、国属"家"，王阳明曾说："身之主宰便是心，心之所发便是意，意之本体便是知，意之所在便是物。"[3]"心、意、知身乎身，身身乎家，家身乎国，国身乎天下者也。莫非身也，莫非物也，莫非形象也。天

---

1 2 《何心隐集》，第 28 页、第 33 页。

3 《阳明先生集要》，第 36 页。

下家乎国，国家乎家，家家乎身，身家乎心、意、知者也。莫非家也，莫非物也，莫非形象也。"[1]何心隐将身、家、国与天下紧密联系在一起，构筑了个体与社会相互关联的扩展体系。"乃若天下国之身之家之，可以显可以藏乎其身其家者也。会岂小补于身于家已乎？"[2]"会"是家、国、天下不同层次不断延伸的社会模式，何心隐提出"会"的主张，目的在于在社会中为身、家找到实践的天地。

颜钧早年在家乡创办过萃和会，何心隐"谓《大学》先齐家，乃构萃和堂以合族，身理一族之政，冠婚丧祭赋役，一切通其有无，行之有成"[3]。他将宗族编成一种组织，设率教一人、率养一人、辅教三人、辅养三人、维教养四人，共十二人。

实行宗族教育时，何心隐曾与永丰大尹凌海楼有过一番讨论，何心隐推崇"出身以主大道"。何心隐把当时的官场比作"樊笼"，主张效法孔子，移风易俗、教化天下。他说："孔子之所以明大道者，亦惟出身于春秋以与国政，于朋友之交信也……如谋出身为隐士，而无补于朝政，是欺君矣。欺君之人，安能主明大道……出身以主朋友之大道，而继孔子之贤于尧舜者也。尧舜，立政之尽善者也。孔子，设教之至善，而身不与政者也。不与政而贤于立政。然则出身以继孔子，以主大道之宗，其于朝政岂小

---

1 2 《何心隐集》，第33—34页、第28—29页。

3 《明儒学案》，第704页。

补哉?"[1]前面提到何心隐对君臣一伦非常重视,在这里他同样认为做隐士对朝政无益,是"欺君","欺君之人,安能主明大道",而何心隐认可的大道为"朋友之大道"。在他看来,孔子是"设教之至善","不与政而贤于立政",是藏身显家的先驱。

何心隐谈到意与气时,也表现了他对孔门师弟的颂扬。他说,"孔门师弟之意之气,相与以成道者也,其所落也大",而"战国诸公之意之气,相与以成侠者也,其所落也小"[2]。

何心隐"抱着极自由、极平等的见解,张皇于讲学,抱济世的目的,而以宗族为实验,破家不顾,而以师友为性命"[3]。何心隐的讲学生涯,多在师友圣贤之间,何心隐在京师时,"辟各门会馆,招来四方之士,方技杂流,无不从之"[4]。王世贞说何心隐等人借讲学而为豪侠之举,恐言辞不当。何心隐是一个书生,他从事讲学结友的活动实质上是为了遵从孔子之道,只是他"出身以主大道"的行动是某些当政者所不容许的。

庄子说,"处乎材与不材之间"[5],"为善无近名,为恶无近刑。缘督以为经,可以保身,可以全生,可以养亲,可以尽年"[6]。王艮提倡"明哲保身"之学,他说:"明哲保身者,良知良能也。知保身者,则必爱身;能爱身,则不敢不爱人……能知爱人,而不

---

1 2 《何心隐集》,第73—74页、第54页。

3 《容肇祖集》,第388页。

4 《明儒学案》,第704页。

5 6 《庄子今注今译》,第579页、第113页。

知爱身，必至于烹身割股，舍生杀身，则吾身不能保矣。"[1] 关于王艮的"明哲保身"说，可从两个方面着手分析：一方面，由保身到爱身，推出"不敢不爱人"的主张，因为"能爱人，则人必爱我"；另一方面，若知爱人，却不知爱身，也不得保身。其实，"明哲保身"说与先秦时期的政教、文化传统有关，孔子说："古之为政，爱人为大。不能爱人，不能有其身。"[2]

何心隐坚持"出身"，积极从事社会讲学活动，他的"有是理则实有其事"的实践精神是难能可贵的。"中国的'士'……一方面承担着建立和维持政治、文化秩序的任务，另一方面又发展了持'道'以议政的批判传统。"[3] 沈德符说何心隐以讲学自名，讥切时政，虽是讥讽之辞，但何心隐针砭时弊也是事实，"会邑令有赋外之征，心隐贻书以诮之"[4]。

通过上文我们了解到，何心隐的友朋观非常有特色，那么它对前代的"友"观念有哪些继承与发展呢？

其一，"道而学尽于友之交"。曾子说"君子以文会友，以友辅仁"，无论君臣相友还是朋友切磋，历代儒家几乎都将"志于道"作为友道的重要内容。何心隐也看到了友朋所承担的重要职责，他认为友朋承载了人道。

---

1 4　《明儒学案》，第715—716页、第704页。

2　《礼记集解》，第1264页。

3　余英时：《中国文化史通释》，生活·读书·新知三联书店2012年版，第305页。

其二,"交尽于友"视朋友为五伦之最重。之前的一些思想家虽然看到了友朋的重要性,但并未把朋友一伦列为五伦之首。何心隐明确指出父子、君臣、兄弟、夫妇存在自身的缺点,如父子易亲昵、君臣易欺凌与攀附、兄弟易比较、夫妇易匹敌,朋友不仅没有以上缺点,而且拥有以道为追求的优势,因此他将朋友置于五伦首位,这一观点是何心隐的独创。

其三,以道统为准绳,提出"君臣友朋,相为表里"。对于道统的传承,何心隐提出了自己的看法,他认为"唐虞以道统统于尧舜",而"春秋以道统统于仲尼"。既然三代以后,友朋设教以主大道,因此何心隐尤其重视师友,同时他也指出了"仲尼祖述尧舜,洞见君臣之道",由此可见友朋设教的主要内容便是尧舜之道。虽然何心隐把当时的官场比作樊笼,但实际上他对君臣一伦也比较重视。他说友朋之道离不开君臣出政,"行以行道于当时,明以明道于万事,非表里而何",可见君臣出政与友朋设教相为表里。这一论点也是之前的一些思想家所未明确提到的。

其四,躬行实践,出身设会。何心隐主张"出身以主朋友之大道",积极从事社会讲学活动。此外他还亲自组会,实行宗族教育。

何心隐的友朋观在明代儒者友朋思想中具有举足轻重的地位,他的学说影响到了清末一些学人的思想,例如谭嗣同指出朋友

"为四伦之圭臬，而四伦咸以朋友之道贯之，是四伦可废也"[1]。虽说"泰州之后……传至颜山农、何心隐一派，遂复非名教之所能羁络矣"[2]，但就何心隐的友朋观来看，他以实现仁义为理想，深谙师友之道，主张以友朋一伦统合社会英才、继孔子之大道的实践精神，实非其他儒者所能及。

第三节 "言友则师在其中"：李贽论交友

先看李贽其人，李贽（1527—1602），号卓吾，童年时，母亲早逝。李贽的友朋思想与他的性情密不可分。李贽著有《卓吾论略》和《豫约·感慨平生》，是其自传，它们是研究李贽生平与思想的重要资料。李贽曾称："丈夫在世，当自尽理。"[3]他还自称："世俗子与一切假道学，共以异端目我，我谓不如遂为异端。"[4]俗话说文如其人，李贽的文字能够流露出毫无遮掩的真性情，如此率性的文风在其他思想家的著作中实难遇见。

接下来我们来看一看旁人对李贽的印象，袁中道在《李温陵传》中说："公为人中燠外冷，丰骨陵陵。性甚卞急，好面折人过，士非参其神契者不与言。强力任性，不强其意之所不欲。"[5]通过这段文字，读者大概略知他的日常言行了。李贽"潜心道

---

1 《谭嗣同卷》，第49页。

2 《明儒学案》，第703页。

3 4 5 《焚书 续焚书》，第20页、第8页、第3页。

"妙",喜好读书。为政时,他"法令清简,不言而治"[1],"簿书有隙,即兴参论玄虚"。李贽不以时代先后论文章优劣,他认为童心者自然能写出优美的文章,他希望读者不必过分拘泥于先秦文字。李贽批判《论语》《孟子》等经典,他说典籍或为"史官过为襃崇之词"[2],或为"臣子极为赞美之语",或为懵懂弟子"有头无尾,得后遗前"之记忆。他认为经典并非万世之论,不可比于童心。

读李贽的文章,人们能感受到他敏捷的思辨力与探求真理的执著精神,李贽从不盲从经典,他善于在批判、反思中证道。如果读者能把他的真性情、童心论,甚至洁癖一说与他的交友观联系起来思考,那么李贽的友朋思想就非常生动并富有趣味了。

袁中道忆李贽说:"体素羸,澹于声色,又癖洁,恶近妇人,故虽无子,不置妾婢。"[3]为何称李贽癖洁呢?在下文中他写道:"性爱扫地……衿裙浣洗,极其鲜洁,拭面拂身,有同水淫。"结合李贽的洁癖,我们就不难理解他的交游特点了:"不喜俗客","一交手,即令之远坐,嫌其臭秽"[4]。李贽喜豪杰,他认为"乡人皆好"之中无豪杰之士。豪杰犹巨鱼,存于海非存于井。古今贤圣皆出于豪杰,真豪杰必识豪杰之人。听说有人欲杀他时,李贽称"胜我之友,又真能知我者,乃我死所"[1],得朋友而死,则

---

1 3 4 《焚书 续焚书》,第3页。

2 《焚书 续焚书》,第99页。

牢狱、战场之死"固甘如饴"。他认为，"不肯死于妻孥之手者，必其决志欲死于朋友之手"[2]，又可惜"世无朋友"，难见死于朋友之手者。

读到李贽悲叹"世无朋友"时，人们很容易想起东晋葛洪所著《抱朴子外篇·交际卷》，作者抒发的慨叹与李贽十分相似。在文中，葛洪痛斥当时的交友现状："世俗之人，交不论志，逐名趋势。"[3]"余徒恨不在其位，有斧无柯，无以为国家流秽浊于四裔，投畀于有北。"[4]在此卷中葛洪提到了"胜己"之友，他说："所企及则必简乎胜己，所降结则必料乎同志。"[5]而且，葛洪提出的朋友之道与《白虎通》倡导的交友之道非常接近，葛洪说："其处也则讲道进德，其出也则齐心比翼。否则钧鱼钓之业，泰则协经世之务。安则有以精义，危则有以相恤。"[6]

一、以闻道为追求

本文主旨原为论李贽交友，但详阅李贽的论著后发现，李贽的友朋观与他的性情及学术思想密不可分。

未细读李贽的著作时，略知李贽的思想有异于其他学者，有

1 2 《焚书　续焚书》，第63页。

3 《抱朴子外篇校笺》，第432页。

4 《抱朴子外篇校笺》，第426页。

5 6 《抱朴子外篇校笺》，第440页。

人评价他是儒家"异端"人物。他果真为"异端"吗？若为异端，
何以证明？我们不妨作一下细致分析。

（一）"四勿"与好学

李贽说"自幼读圣教不知圣教……五十以后，大衰欲死，因
得友朋劝诲，翻阅贝经，幸于生死之原窥见斑点"[1]，于是复研《大
学》《中庸》，跟从治《易》者读《易》三年，后著有《道古录》
与《易因》。且不说李贽对儒家经典的注解如何，单是他求道的执
著足以使人敬佩。李贽称儒、道、释之学的统一之处在于闻道。
他说孔子之学是"无人无己之学"[2]。无己，故学莫先于克己；无
人，故教唯在于因人。

李贽著有《四勿说》，这篇文章反映了他对儒家思想的深刻理
解。在笔者看来，李贽围绕"四勿"所谈论的内容恰是孔子思想
的重要内涵。"由中而出者谓之礼，从外而入者谓之非礼；从天降
者谓之礼，从人得者谓之非礼。"[3] "凡人情为可悦也"，人以真情
示人皆会令人喜悦，真情流露是儒家精神的重要内容。真情流露
就是率性。孔子之学的重要内容就是顺人情，它承认喜怒哀乐等
自然情感的存在，主张对其适度地抒发，而不去压制它，礼则是
人情之表示。李贽称礼自天降、由中出，可谓得礼之真精神。李

---

1 2 3 《焚书　续焚书》，第66页、第16页、第101页。

贽还说，"人所同者谓礼"[1]，礼能兼顾各方的情感需求，"我所独者谓己"，执己则非礼。"非礼之礼，大人勿为；真己无己，有己即克。"[2] 颜渊问仁，孔子说："克己复礼为仁……非礼勿视，非礼勿听，非礼勿言，非礼勿动。"克己才能复礼，礼兼顾双方，不由己出，因此非礼便为不仁。

在对"礼"与"四勿"理解的基础上，李贽提出："四勿也，即四绝也，即四无也，即四不也。"[3] 四绝为"毋意、毋必、毋固、毋我"。"毋意、毋必、毋固、毋我"便能克己，克己则复礼，因而四绝可等同于"四勿"。四无即"无适、无莫、无可、无不可"。"四不"见于《中庸》，为"不见、不动、不言、不显"。按四绝之意类推，四无、四不也类似于四绝。更重要的是颜回得益于四绝、四毋，能够做到"不迁怒、不贰过"，于事常反求诸己，这样的行为才是真正的好学，更是千古绝学。难怪李贽说："未至乎此而轻易谈四勿，多见其不知量也。"[4] 于此，李贽已得早期儒家要旨，他说俗儒并非真正知晓大圣与异端，"以所闻于父师之教者熟也"[5]。

他说"穿衣吃饭，即是日伦物理……学者只宜于伦物上识真空"[6]，在伦物上加以明察，便可识得真源。明察得真空，则由仁

---

1 2 3 4 《焚书 续焚书》，第101页。

5 《焚书 续焚书》，第100页。

6 《焚书 续焚书》，第4页。

义行，而非行仁义。李贽以率性之真为起点，"推而扩之，与天下为公，乃谓之道"[1]。他认为圣人"无别不容已道理可以示人"[2]，圣人只是顺势，顺势则天下安，"谓孔子有学有术以教人亦可"[3]，称其无学无术也可。

（二）"情"与交友

"情"是李贽思想的重要概念。在《读律肤说》中李贽说："自然发于情性，则自然止乎礼义。"[4]情性之外无礼义，矫强则失自然。"有是格，便有是调，皆情性自然。"[5]著述也是如此，真能文者，非有意于为文，只因思想"蓄极积久，势不能遏"，见景生情，触目兴叹，情由中出，始下笔成文，诉心中之不平。李贽以真情为可贵，他认为真情流露是著作的根本所在。

《童心说》对李贽重真情、崇本真的思想有过细致阐述。他说，"童心者，真心也"，"童心者，绝假纯真，最初一念之本心"[6]。为何童心会逐渐丧失呢？李贽分析说随着年龄增长，多数人的童心被闻见、道理阻障。圣人着力护此童心，因而圣人不失童心，而后世学者却因读书识理失去童心。李贽提出的"童心"类似于孟子谈论的赤子之心，孟子说，"大人者，不失其赤子之心"，并说"学问之道无他，求其放心而已"[7]。后世学者童心

---

1 2 3 4 5 6 《焚书 续焚书》，第 16 页、第 31 页、第 17 页、第 132 页、第 133 页、第 98 页。

7 《孟子正义》，第 786 页。

闭塞，以闻见道理为心，言语不由衷、为政无根底，实为假人。李贽是不屑与假人言谈的，"非童心自出之言也。言虽工，于我何与"[1]。

李贽重童心，因而在交友时常以真情示人。一千年来，"乡人之善者好之，其不善者恶之"的人是越来越少了，但李贽做到了。由"礼""情"而观李贽的交友之道，我们就不难理解李贽独特的友朋思想了。

李贽的交友论建立在他对儒家、佛教思想认识的基础之上，依照孔子的言行规范，他的喜好由此而生。他认为"言顾行、行顾言"是择友的标准。"言顾行"表现为"于子臣弟友之道有未能"[2]。在"未能"中，李贽认识到了孔子的忠信之德，因此他将忠信当作自己的行为准则，也把它作为自身的择友标准。他说，"人生世间，惟是此四者终身用之"[3]，君子"为慥慥，故为有恒，故为主忠信"[4]，毋自欺。他厌恶"不知己之未能，而务以此四者责人教人。所求于人者重，而所自任者轻"[5]的行为。

从李贽对孔子"仁""礼""四勿""忠信"等思想的认识可知，李贽并非妖人、异端，而是深得儒家之道的性情中人。

---

1 《焚书 续焚书》，第99页。

2 3 4 5 《焚书 续焚书》，第31页。

二、以胜己之友为归

李贽的交友思想有哪些具体内容呢？接下来我们先看一看李贽极度厌恶的是哪些人。在书中李贽不止一次提到这类人：世俗子与一切假道学。而他对假道学的批评比较重。"今之学者以圣人而居市井之货"[1]，李贽说这类人"讲道学，聚徒众，收门生，以博名高，图富贵"[2]，假道学平居无事，只解打躬作揖、无所作为。稍学奸诈，因"良知"以阴博高官，遇警则面面相觑、互相推诿。

他讥笑俗儒不知孔子道德之重足以庇荫后代，而偏重孔林风水；不知孔子教泽之远，使万世同守斯文，却因贪慕富贵而聚徒众、收门生。李贽十分赞赏孔子与弟子间的师生之谊，无论贫贱、患难，孔门弟子都能欢然从师，如今无官无财则弟子离散，俗儒为师谁能心悦诚服？他认为当世学者"种种日用，皆为自己身家计虑，无一釐为人谋者"[3]，而讲学时却称"尔为自己，我为他人"。李贽非常鄙视这种言行不顾的作为，他说这些人反而不如市井小夫自然真实，市井小夫还能做到身履是事，口便说是事。拘牵龌龊、卑卑琐锁之徒与按籍索古、口说仁义之假人，为李贽深

---

123 《焚书　续焚书》，第 77 页、第 63 页、第 30 页。

恶痛绝。他说有才术之人，又恐利害及身，百般趋避，自觉不能，遂谓人皆不能。这种人也是李贽不屑与之交往的。

（一）推重"嗜义之友朋"

在"主忠信，毋自欺"思想的指导下，李贽喜好结交何人呢？难道真如外界所论其极不容人？我们不妨看一下李贽对于自我的剖析。他说"予性好高"[1]，只是倨傲不下倚势仗富之人，若"隶卒人奴"有"片长寸善"，也求其赐教；"予性好洁"，只是狷隘不容趋势谄富之人，若大人王公有"片善寸长"，也以礼相待。他认同"满街皆圣人"的观点，说："无众生相，安有人相；无道理相，安有我相。无我相，故能舍己；无人相，故能从人。"[2] 求善取之于人，因而耕稼陶渔之人无不可取。由上述内容可知李贽并非不愿与人交往，只是一心坚持他自己的择友方式，他认为以利交结之人，算不得朋友。

李贽著有《朋友篇》与《李生十交文》，这两篇文章比较清晰地反映了李贽的友朋观。在《朋友篇》中，李贽认为，"天下无朋久矣"的原因在于，"举世皆嗜利，无嗜义者"[3]。"嗜义则视死犹生"，嗜义之友朋可托幼孤、寄身家；"嗜利则虽生犹死"，嗜利之友朋则攘臂夺食、下石灭口，做出伤天害理之事。李贽厌恶的俗客正是"生而犹死者"，在他看来，俗世中的友朋多是嗜利之友

---

123 《焚书　续焚书》，第105页、第31页、222页。

朋。若无嗜义之友朋，可以说天下没有友朋了。"以此事君，有何赖焉？"若嗜利之人参政，更谈不上古代君臣之忠义了，而天下则无可观之政。在这篇文章中，李贽提出了真正的交友之道：朋友应以道义相交。

五伦中的朋友的确不同于现代社会中的普通朋友，写作时，笔者猜测最初的朋友之称可能脱胎于"士与朋友"这对早期的人际关系，前文也已列举了一些依据，朋友与后世的臣的职责是如此类似，除非"朋友"先天就具备此种职能，否则"责善，朋友之道"何从解释？李贽谈论友朋时，友朋已是重生后的人伦关系了，但此处的友朋仍然具有重要的研究价值。钱穆在《中国五伦中之朋友一伦》中指出："谭嗣同仅见西方亦有人与人相交，乃谓其只有朋友一伦。但不知相友有道，日常相交非友道。"紧接着他说："今之人相交满天下，而卒无一友。"[1]此语与李贽"天下无朋"的愤慨是何等相似！

在《李生十交文》中，李贽自称"余交有十"，"最切为酒食之交，其次为市井之交"[2]。其三为遨游之交，其次为坐谈之交、技能之交、术数之交，以至文墨之交、骨肉之交、心胆之交、生死之交。在十交中，他以生死之交为最难得。他说："能下人，故其心虚；其心虚，故所取广；所取广，故其人愈高。"[3]

---

1 《晚学盲言》，第365页。

2 3 《焚书 续焚书》，第129页、第105页。

（二）对友"隆礼而师事之"

见人有长，略似人形，李贽便立即下拜，遂忘其短。非但忘其短，李贽还"隆礼而师事之"[1]，李贽求友之诚，他人鲜有！为何"隆礼而师事之"呢？李贽说："好友难遇，若非吾礼敬之至，师事之诚，则彼聪明才贤之士，又曷肯为我友乎？必欲与之为友，则不得不致吾礼数之隆。"[2]他认为求友者需十分恭敬，以诚相待。

他对"流俗人"和"可人"的态度冷热分明，他说："我性不喜流俗人，见流俗人避之唯恐不早，此处却冷。然我遇可人，吐心倾胆，实实以豪杰待他，此处却热。"[3]李贽"所赖向往真诚，求友专切，平居惟耽胜己友朋，不如己者不愿与处"[4]。孔子说君子"无友不如己者"，李贽正是真切实践了这一择友愿望，他绝不亲近便佞、善柔之人与不似自己的人。《焚书》称："凡能明我者则亲之，其不如己者，不敢亲也；便佞者、善柔者皆我之损，不敢亲也。既不敢亲，则恶我者从生焉，我恶之者亦从生焉，亦自然之理耳。"[5]

世上传言李贽性暴，他自我解嘲说："每见世人欺天罔人之

---

1 2 《焚书 续焚书》，第 106 页。

3 张建业：《李贽研究资料汇编》，社会科学文献出版社 2013 年版，第 157 页。

4 《焚书 续焚书》，第 36 页。

5 《焚书 续焚书》，第 253—254 页。

徒，便欲手刃直取其首，岂特暴哉！纵遭反噬，亦所甘心，虽死不悔，暴何足云！"[1]但他又说若见"光明正大之夫，言行相顾之士"，则暴怒全无、喜从心来。

下面我们再具体归纳一下李贽的择友标准。

第一，友需笃实有德。他认为："有德者必笃实，笃实者则必有德。"[2]在李贽看来，笃实是做人的基本原则，笃实即是真实诚心、毋自欺。

第二，朋友以同志为劝，勿逐势利而交。李贽以友为重，根本原因在于他把求道作为自己的人生追求。未学时，有先生曾对他说："公既怖死，何不学道？学道所以免生死也。"[3]继而他"潜心道妙"。李贽对"穷""乐"怀有异于世俗的见解，他说："吾所谓穷，非世穷也。穷莫穷于不闻道，乐莫乐于安汝止。"[4]他以读书为乐，他说："人生一日在世未死，便有一日进益……不有日进，便是死人。"[5]李贽认为同志之士胜于同胞，他说："学道人脚跟未稳当，离不得朋友；脚跟既稳当，尤离不得朋友。何者？友者有也，故曰道德由师友有之，此可以见朋之不可离矣。然世间真友难得，而同志真实友尤其难得。古人得一同志，胜于同胞，良以同胞者形，而同志者可与践其形也。"[6]"交难则离亦难，交易则离亦易。"[7]他认为天下皆市道之交，"以利交易

---

[1] [2] [3] [4] [5] [6] [7] 《焚书　续焚书》，第59页、第106页、第3页、第86页、第12页、第17页、第76页。

者，利尽则疏；以势交通者，势去则反"[1]。"好看者人也，好相处者人也，只是一付肚肠甚不可看，不可处！"[2]李贽称"贵莫贵于能脱俗"[3]，他不喜与俗人相见，认为俗人相交于势、利，以势、利与人交结并非朋友之交。但亚里士多德认为，以势、利为目的而交往的双方也属于朋友，他说"友爱分为三类，其数目与可爱的事物相等"[4]，以势、利交往是为了有用和快乐。同时，亚里士多德也认识到，为了有用和快乐的友爱是偶性上的友爱，这样的朋友很容易散伙，难于长久维持。为了朋友而希望朋友的德性臻于至善才是真正的朋友，这类友爱不出于偶性，只要善不变，友谊就永远维持。李贽追求的友道近似于亚氏赞许的德性之友爱。

第三，朋友切切偲偲，勿匿怨而友其人。在李贽看来，真正的朋友不存在匿怨友人之事。在学问上李贽曾与耿定向有不合之处，1586年他对耿定向说，"所讲者未必公之所行，所行者又公之所不讲"，此番作为岂是"言顾行，行顾言"？1588年，李贽说："非与世之局琐取容，埋头顾影，窃取圣人之名以自盖其贪位固宠之私者比也。"[5]此"贪位固宠之私者"可能指的是耿定向。据《明儒学案》记载："何心隐之狱，唯先生与江陵厚善，且主杀心隐之李义河，又先生之讲学友也，斯时救之固不难，先生不敢

---

1 2 3 5 《焚书　续焚书》，第76页、第190页、第227页、第16页。

4 《尼各马科伦理学》，第166页。

沾手，恐以此犯江陵不说学之忌。"[1] 由以上事例我们得知，李、耿论战可谓界限分明，"两家门徒标榜角立"[2]。耿定理去世后，因恐子侄仿效李贽，耿定向希望李贽离开黄安，"子庸之兄天台公惜其超脱，恐子侄效之，有遗弃之病，数至箴切"[3]。历经论学等各类矛盾后，1595 年李贽在《答来书》中说："我与天台所争者问学耳。既无辨，即如初矣。"[4] 在李贽的思想中，他与耿定向仅是朋友间切切偲偲，并无个人恩怨。

第四，以友为师，以师为友。"言友则师在其中"的说法应是李贽首次提出的。李贽认为师友是统一的，他说："世人不知友之即师，乃以四拜受业者谓之师；又不知师之即友，徒以结交亲密者谓之友。夫使友而不可以四拜受业也，则必不可以与之友矣；师而不可以心腹告语也，则亦不可以事之为师矣。古人知朋友所系之重，故特加师字于友之上，以见所友无不可师者，若不可师，即不可友。大概言之，总不过友之一字而已，故言友则师在其中矣。"[5] 他说若有使人心悦诚服之师，愿为之死。由于李贽亲友，他结识了一批挚友，如耿定理、马经纶等人。耿定理早逝后，李贽悲恸不已，他说："我是君之友，君是我之师。我年长于君，视君是先知。"[6] 李贽称，"朋友道绝久矣"，千古有君臣，却无真朋

---

1 《明儒学案》，第 815 页。

2 《李贽研究资料汇编》，第 311 页。

3 4 5 6 《焚书 续焚书》，第 3 页、第 17 页、第 80—81 页、第 230 页。

友，现实中的朋友"幸而入，则分毫无我益；不幸而不相入，则小者必争，大者为仇"[1]。

李贽尊何心隐与张居正为师，他说："何公布衣之杰也，故有杀身之祸，江陵宰相之杰也，故有身后之辱。不论其败而论其成，不追其迹而原其心，不责其过而赏其功，则二老者皆吾师也。"[2]

（三）重视"胜己之友"

李贽说："苟不遇良朋胜友，其迷何时返乎？以此思胜己之友一日不可离也。"[3]晚年李贽说出了自己对"胜友"的渴望："我老矣，得一二胜友，终日晤言以遣余日，即为至快。"[4]李贽终日有欲见"胜己之心"，终年有"不见知己之恨"。李贽深感嗜义之友朋难得，于是终生以求"胜己之友"为乐，四方交游。

他说，"生在中国而不得中国半个知我之人"实为可悲，倒不如客死他乡，有"胜我之友，又真能知我者"，才是他的归处。若遇真朋友，即使面临牢狱、战场之死，亦觉甘甜。李贽渴求知音，《续焚书》称："士为知己者死，即一见知己而死，死不恨矣。"[5]无论对知音的渴望，还是对"胜己之友"的重视，都源于"证道"。李贽说："孔子求友之胜己者，欲以传道，所谓智过于师，方堪传授是也。吾辈求友之胜己者，欲以证道。"[6]

123456 《焚书　续焚书》，第29页、第16页、第52页、第3页、第40页、第28—29页。

问学、交友皆出于真挚，却为何屡遭人厌？若此厌实为"不善者恶之"，有何不可呢？李贽在《豫约》中说："以不愿属人管一节，既弃官，又不肯回家，乃其本心实意。"[1]李贽晚年居麻城，其实是为了求道。丧子后，他曾说，"夫不戚戚于道之谋，而惟情是念"[2]，不益有愧？李贽伤生不伤逝并且不惧祸患，他视灾祸为磨砺，他说："等祸者，志虑益精，德行益峻，磨之愈加而愈不可磷，涅之愈甚而愈不可淄也。"[3]

李贽不欲"世人知我、信我"，他以"见得百年之内，或近而子孙，又近而一身……听得街谈巷议，市井小儿之语"为短见，以"超于形骸之外，出乎死生之表……畏乎大人，不敢侮于圣言，更不惑于流俗憎爱之口"[4]为远见。李贽乐于闻正论，不听俗语；乐于学出世，不恋浮世。钱谦益说，李贽"与耿天台往复书，累累万言，胥天下之为伪学者，莫不胆张心动，恶其害己，于是咸以为妖为幻，噪而逐之"[5]。李贽说一些人不可以使知"道"，因其有"情"。此处的"情"应为情欲，有情欲便难克己，不克己自然难以以道交流。

李贽的交友观与孔子的交友思想基本一致，具体表现如下：

其一，童心与"直"。孔子说有三类品质对人有帮助，有三类品行则于人有损。有益的三类品质分别为：直、谅、多闻；有

---

1 2 3 4 《焚书　续焚书》，第185页、第84页、第11页、第59页。

5 《李贽研究资料汇编》，第212页。

害的三类品行是便辟、善柔、便佞。李贽说"童心者，真心也"，"童心者，绝假纯真，最初一念之本心"。童心与"直"有相近之处，"直"可解释为"诚"与"真"，童心为真心，童心与"直"的品质皆有益于人生。

其二，主忠信，不与便辟、善柔、便佞之人交友。孔子明确指出："友便辟，友善柔，友便佞，损矣。"李贽也坚决反对与这几类人交友。在"主忠信，毋自欺"思想的指导下，李贽只交真挚之友，"言顾行，行顾言"是他的择友标准。

李贽的交友思想与之前的思想家的不同与发展之处表现在以下几个方面：

第一，看重嗜义之友。李贽著有《朋友篇》，他说举世皆嗜利之友，则"天下无朋久矣"，嗜义之友朋则可托幼孤、寄身家，嗜义之友朋才是真正的朋友。

第二，以友为师，对友"隆礼而师事之"。这一特征是李贽交友思想中所特有的。李贽认为好友难遇，只有礼敬之至、师事之诚，聪明才贤之士才肯与他为友。李贽求友心切、敬意之盛，超出多数人之外。

第三，以胜己之友为归。此处的"胜己之友"指的应是智慧超过我的知己。与耿定理友好时，李贽曾与妻女居住在黄安，他说："胜我之友，又真能知我者，乃我死所。"此外还需注意的一点是，虽然李贽交往比较广泛，但他所交之人都有一个共同特点：皆出于真性情。李贽极度厌恶假道学之人，他说这类人"讲道学，聚徒众，收门生，以博名高，图富贵"，而且言行不相顾。

　　由童心而交友、超然势利之外、以胜己之友为归，如此真君子，世所罕见！

第五章
清代儒家的"友"观念

第一节　黄宗羲的"友"观念

黄宗羲（1610—1695），字太冲，号南雷，世称梨洲先生，浙江余姚人。蒋维乔先生在其著述中说："梨洲亦修慎独之阳明学者。"[1]黄宗羲曾说，"盈天地间皆心也"[2]，此心"变化不测，不能不万殊；心无本体，工夫所至，即其本体。故穷理者，穷此心之万殊，非穷万物之万殊也……夫先儒之语录，人人不同，只是印我之心体，变动不居"[3]。黄宗羲认为万物之万殊归于人心，穷理即是穷心，从根本上说先贤教谕只是印我心体，故"修德而后可讲学"。他还说："学者当先穷经，然拘执经术，不足以经世，欲免为迂儒，必兼读史。"他又说："读书不多，则无以证理之变化，读书多而不求诸心，则又为俗学。"上述教诲给读书之人指明了为

---

1 3　蒋维乔：《中国近三百年哲学史》，中华书局 2015 年版，第18页、第19页。

2 《明儒学案·明儒学案序》，第7页。

学路径，学者既需穷经，也需读史，读书多且"求诸心"可证理之变化，如此为学可以经世，并免为迂儒与俗学。三百年前，黄宗羲的见解已对学问之事有了深刻的认识，作为后人，我们应沿着先贤指明的道路继续前行。

黄宗羲不落于抽象之论，"宗羲尤因精研史学，熟于古今治乱兴亡之事迹，议论尤有根柢"[1]。黄宗羲的"友"观念也建立在史实之上，是具体实际的论旨之一，他说："以天下为事，则君之师友也。"[2]黄宗羲著有《原君》与《原臣》等文，在这些文章中，他详细论述了君臣关系以及君与臣的职责。

一、君臣"以天下万民为事"

黄宗羲认为"古者以天下为主，君为客"[3]，"天下"为君毕世而经营者。他说有生之初，君不以一己之利害为利害，而使天下受其利、释其害，则君之勤劳必千万于天下之人。"以千万倍之勤劳而己又不享其利，必非天下之人情所欲居"[4]，因而许由、务光"量而不欲入"，尧舜"入而又去之"。古者天下之人爱戴其君，可比之如父、如天。

1　《中国近三百年哲学史》，第 20 页。

2　《明夷待访录校释》，第 15 页。

3 4　《明夷待访录校释》，第 8 页。

　　后来"君为主，天下为客"，则"屠毒天下之肝脑，离散天下之子女"，以博君之产业，而设君之道已失。他指出天地间有兆人万姓，不应独私一人一姓。他批评小儒"以君臣之义无所逃于天地之间"而谓桀、纣之暴不当诛之，"如父如天之空名"已危害不浅。将天下作为君之产业，则人人欲得产业，一人之智力怎能胜天下欲得之者？君之职责乃使天下受其利、释其害，而不以一己之利害为利害。明乎君之职分，则人人能让；不明为君之职分，则人人欲得。

　　黄宗羲指出，"视于无形，听于无声"，杀其身以事其君，皆不是臣道，"出而仕也，为天下，非为君也；为万民，非为一姓"[1]才是为臣之道。

　　蒋维乔先生指出黄宗羲所著《明夷待访录》，"以民利民福为主眼，以民本主义为政治之本质"[2]。君为人民而设，若君"以我之大私为天下之大公"、图谋自利，则天下之人视君如寇仇、独夫，汤放桀、武伐纣即是为民诛独夫。黄宗羲继承了孟子的王道思想，并明确提出君臣皆以天下万民为事。"彼之政治理想，全在三代之民本精神，故以孟子之王道为根据，专以民利为主眼。"[3]

　　黄宗羲在《原法》篇中指出："三代以上有法，三代以下无

1　《明夷待访录校释》，第12页。
2　3　《中国近三百年哲学史》，第20页、第23页。

法。"¹三代以上之法不为一己而立，而为天下大公；三代以下所谓法者乃一家之法，而非天下之法。三代之法"藏天下于天下者也"，而后世之法"藏天下于筐箧者也"。后世之法因君之私利而设，所谓非法之法也。

二、"以天下为事，则君之师友"

天下非一人所能治，而分治以群工。臣以天下为事，非其道，"君以形声强我，未之敢从"，"立身于其朝，未之敢许"。"天下之治乱，不在一姓之兴亡，而在万民之忧乐"²，治天下犹如曳大木，君与臣为"共曳木之人"，臣不可娱笑于君之前而荒曳木之职。

黄宗羲说"臣之于君，名异而实同"³，这里的"实"指的便是君臣有天下之责，以天下为事。无天下之责，则士与君为路人；出仕之臣，"不以天下为事，则君之仆妾"，"以天下为事，则君之师友"，官者乃分身之君。黄宗羲反对后世臣与子并称，他说："君臣之名，从天下而有之者。"⁴以师友来定位君臣关系是黄宗羲"友"观念的显著特征，他指出君应以礼待臣，他说："古者君之待臣也，臣拜，君必答拜。"明神宗待张居正，其礼稍优，便被当时论者指摘其无人臣之礼，而张居正之罪恰恰在于"正坐不能以

---

1 2 3 4 《明夷待访录校释》，第16页、第13页、第14页、第15页。

师傅自待，听指使于仆妾"[1]。

通过上文我们了解到了黄宗羲的臣为"君之师友"的思想，那么他对前代"君臣相友"的思想有哪些继承与发展呢？

第一，君臣"以天下万民为事"，这个思想几乎是历代儒者的共识。《尚书·盘庚》已有"重我民""施实德于民"的思想，《尚书·酒诰》也称："人无于水鉴，当于民鉴。"孟子说："桀纣之失天下也，失其民也。失其民者，失其心也。"[2]荀子说："君者舟也，庶人者水也。水则载舟，水则覆舟。"[3]君臣不以天下为事，则失其民心，进而失其天下。王者体天之道，亦与民同道，不能独私一人，当与天下大同，与天下大同，则万国咸宁。程颐说："民以为王，则谓之天王天子；民不以为王，则独夫而已矣。"[4]黄宗羲说："孟子之言，圣人之言也。"在遵循孟子王道思想的同时，黄宗羲明确指出了君臣当以天下万民为事。

第二，以天下为事，则臣为君之师友。古时臣为君之师友，主要体现在君待臣以礼上。黄宗羲写道："古者君之待臣也，臣拜，君必答拜。"[5]而秦汉以后，此礼废而不讲。丞相存，"天子御座为起，在舆为下"，丞相既废，师友之礼不存，而百官皆为事君

1 5 《明夷待访录校释》，第14页、第23页。

2 《孟子正义》，第503页。

3 《荀子集解》，第642页。

4 《二程集》，第273页。

而设。黄宗羲指出明神宗待张居正其礼稍优，论者遂指斥张居正之受无人臣之礼，在黄宗羲看来，神宗待张居正之礼却于古之师傅未能百一。黄宗羲说后世人臣，不以天下为事，不计其礼之备与不备，犹如君之仆妾，而以天下为事，则君之师友也。

第三，臣不与子并称。黄宗羲指出资于事父并非为臣之道。父子之称不宜比拟于君臣，君臣之名，因天下而得之。《郭店楚简》曾称："父无恶，君犹父也，其弗恶也，犹三军之旌也，正也。所以异于父，君臣不相才（存）也。则可已；不悦，可去也；不义而加者（诸）己，弗受也。友，君臣之道也。"[1]无论说"君犹父"，还是讲"友，君臣之道"，实际上，这段话反映了君臣有序与"君臣相友"的传统治道，其内容是全面和准确的。但从历史上我们不难看到"君犹父"之称危害不浅，小儒以"君臣之义无所逃于天地之间，至桀、纣之暴，犹谓汤、武不当诛之"[2]。在批评君统的同时，谭嗣同也看到了三纲之名的危害，本来样子的三纲主要强调的是人伦有序，并非力图说明人与人不平等之事，而世俗却以三纲之名戕害了正常的人际关系。

黄宗羲说父子不可变，臣之名则可屡变。"臣不与子并称"摆脱了"君犹父"之称的危害，由此，黄宗羲给君臣关系指明了健康的发展方向，这是黄宗羲对儒家君臣思想的一大贡献。

---

1 《郭店楚简校释》，第 208 页。

2 《明夷待访录校释》，第 9 页。

由于黄宗羲的政治思想以人民为本位，与民主政治较为相似。近代之际，志士仁人曾经密印《明夷待访录》数十万部，颁行全国，且大收其效。谭嗣同曾给予《明夷待访录》以极高评价。明清之际，诸多思想家都曾对传统体制有过反思，顾炎武有"众治"一说，王夫之提出"不以天下私一人"。到了近代，谭嗣同痛斥君统，在汲取前贤君臣"以天下为事"思想的基础上，他说："君也者，为民办事者也；臣也者，助办民事者也。"[1] 有学者称："根据黄宗羲的学说和后来传入的西学民主理念，谭嗣同提出当前的改革不是要'反满''反清'只和今天的统治者过不去，而是要根本改变几千年以来的专制政治。"[2]

第二节 "惟朋友之伦独尊"：谭嗣同的友朋观

谭嗣同（1865—1898），字复生，号壮飞，湖南浏阳人。早年他致力于古典书籍的学习，青年时期则游历大江南北，对中国的社会现实有深刻的了解，同时他也接触到了大量的西方自然科学知识和政治、社会思想。他对名教纲常予以抨击，对君臣、父子、夫妇以及兄弟四伦进行了尖锐的批判，并提出要冲决这些禁锢人们思想的"网罗"。

---

1 《谭嗣同卷》，第 40 页。

2 秦晖：《从黄宗羲到谭嗣同：民本思想到民主思想的一脉相承》，《浙江学刊》2005 年第 4 期。

一、特色"仁"学

谭嗣同的代表作《仁学》内容博杂，"即墨之两派，以近合孔、耶，远探佛法"。谭嗣同的友朋思想颇具特色，与黄宗羲的思想有相近之处。谭嗣同深谙儒家要旨，对黄宗羲和王夫之推崇有加，他说此二人的著述"于君民之际有隐恫"。谭嗣同对三纲持激烈的批判态度，他对业已形成的君主统治颇感不满，"君统盛而唐、虞后无可观之政"。生民之初，民择君，有民而后有君，因此民为本，君为末。既然君为民共举之，因而也可共废之。君为民办事，臣助君办事，事不办则易其人，此天下之通义。

谭嗣同的"仁"似有物质与精神两类境界，他说"仁"通"元"，贯之以"以太"。"以太"显于用，于孔学为"仁"，"仁以通为第一义"，"仁为天地万物之源"。

谭嗣同谈论的"仁"非常有特色，原因在于他以"以太"的特质来诠释"仁"的内涵，那么在他的思想中"以太"是什么呢？他说："遍法界、虚空界、众生界，有至大、至精微，无所不胶粘、不贯洽、不筦络，而充满之一物焉，目不得而色，耳不得而声，口鼻不得而臭味……名之曰'以太'。""以太"有物质的含义，谭嗣同举例说，"身之骨二百有奇，其筋肉、血脉、脏腑又若干有奇，所以成是而粘砌是不使散去者"是"以太"之功。眼能视、耳能闻、鼻能嗅、舌能尝、身能触，也是"以太"的功能。他说，"一身而有夫妇，有父子，有兄弟，有君臣朋友；由一身而有家、有国、有天下，而相维系不散去者"，也是"以太"的作用。谭嗣同认为："学者第一当认明以太之体与用，始可与言仁。"

"气"是古代学者时常提及的概念，也是人道理论的科学基础。孟子说："不得于心，勿求于气……夫志，气之帅也；气，体之充也。夫志至焉，气次焉；故曰：'持其志，无暴其气。'"孟子认为志为"气之帅"。在荀子"治气养心之术"中，我们可以见到"气"的种种显现，如"血气刚强""勇胆猛戾"。陈淳在《北溪字义》中说："人物之生，不出乎阴阳之气……且以人物合论，同是一气，但人得气之正……得气之通。"若就人品类论，则上天所赋皆一般，而人随其所值，又各有清浊、厚薄之不齐，如圣人得气至清。谭嗣同在传统"气"论的基础上，容纳了西方的科学名词"电"，提出了"电气"的新概念。他说，以太"于虚空则为电，而电不止寄于虚空。盖无物不弥纶贯彻""电气通天地万物人我为一身也，是故发一念，诚不诚，十手十目严之；出一言，善不善，千里之外应之。莫显乎微，容色可征意旨；莫见乎隐，幽独即是大廷。我之心力，能感人与我同念"。一念由"电气"显现为容色、言语，由容色、言语便知"意旨"所在，"感人品诣之高卑"，这是"仁"的特质，也是人的本性。他说学者当认明电气即脑，无往非电，即无往非我，若妄有彼我之辨，实属不仁。

谭嗣同以"电""以太"等概念阐释仁，使"仁"有了可感与可触性，从而变得更加形象。这是谭嗣同兼采众学后对"仁"的全新阐释。以太"通天地万物人我为一身"，"仁不仁之辨，于其通与塞"。谭嗣同关于"仁"的重新阐释为他的政治、社会主张奠定了思想基础，他怒斥世俗妄生分别，"但求利己，不恤其他"。在天地皆仁的基础上，他主张"冲决伦常之网罗"，实现无网罗可冲决，以致"循环无端，道通为一"。朋友为"四伦之圭臬"的论点，正是在"冲决伦常之网罗"的过程中提出的实践理想。

二、朋友为"四伦之圭臬"

谭嗣同在《仁学》中对三纲进行了猛烈抨击，他说："三纲之摄人，足以破其胆，而杀其灵魂。"[1]"君臣之祸亟，而父子、夫妇之伦遂各以名势相制为当然矣。此皆三纲之名之为害也。"[2]那么三纲究竟是什么呢？三纲的出现有无积极意义呢？

我们先看一下《韩非子》的记载，在《忠孝》篇中，韩非子写道："臣事君，子事父，妻事夫，三者顺则天下治，三者逆则天下乱，此天下之常道也。"[3]天下应以孝悌忠顺之道为准，但在现

---

1 2 《谭嗣同卷》，第 47 页、第 46—47 页。

3 《韩非子集解》，第 510 页。

实中韩非子发现，人们却"皆以尧舜之道为是"。在韩非子看来，尧舜之道带给世人怎样的启示呢？尧舜之道的事实却是"尧为人君而君其臣，舜为人臣而臣其君，汤、武为人臣而弑其主"[1]。尧自以为明、舜自以为贤、汤武自以为义，如此一来，明君常与、贤臣常取、子取父之家、臣取君之国的现象时常出现。效法尧舜之道是导致天下混乱的原因，因此韩非子说，"父而让子，君而让臣，此非所以定位一教之道"[2]，"上贤任智无常"为逆道。

通过上述分析，韩非子找到了谋划"一教之道"的定理：上法而不上贤。"上法"即确定常道，明确臣事君、子事父、妻事夫的原则。他试着定义了明君、贤臣的职责，他说明君要"能畜其臣"，贤臣则要"明法辟、治官职以戴其君"，人主虽不肖，但臣不敢侵。在法治领域，韩非子的主张是非常先进并富有理性的，他觉察到了人的自由意志的变动性，即使自由意志合于道义，还是会造成比较混乱的社会现实。为了社会安定，他试图架构一个守常不变的社会体制。令人欣喜的是，若韩非子的理论进一步发展与深化，很可能接近近代西方社会的民主政治体制。据相关资料推断，三纲之说应源于韩非子"臣事君，子事父，妻事夫"的治政原则。值得注意的是，这一原则在"上法"理论下有积极的意义。

董仲舒进一步发展了三纲思想。《春秋繁露》记载："阳兼于

---

1 2 《韩非子集解》，第 510 页。

阴,阴兼于阳,夫兼于妻,妻兼于夫,父兼于子,子兼于父,君兼于臣,臣兼于君,君臣、父子、夫妇之义,皆取诸阴阳之道。君为阳,臣为阴,父为阳,子为阴,夫为阳,妻为阴,阴道无所独行。其始也不得专起,其终也不得分功。"[1]董仲舒以阴阳之道来阐释夫妇、父子、君臣之义,指明了君臣、父子、夫妇各自的地位与职责。他说:"天为君而覆露之,地为臣而持载之,阳为夫而生之,阴为妇而助之,春为父而生之,夏为子而养之。"[2]王道之三纲,可求于天。至董仲舒,"三纲"的说法被正式提出。虽然他借阴阳之道阐述三纲,使人略感"无所独行"的阴道不如阳道关键,但此处的三纲并无可憎之处。

孔子说"君君、臣臣、父父、子子",强调的是君臣、父子各自的义务和职责。《郭店楚简》指出六德为君"义"、臣"忠"、夫"智"、妇"信"、父"圣"、子"仁"。加上孟子的平等意识与他反复强调的君臣之道,我们不难看出,儒家始终在对等地描述各类社会角色的职责与道德,在阐述三纲时,董仲舒继承并发展了儒家伦常的对等理念。

《白虎通疏证》记载:"三纲者,何谓也?谓君臣、父子、夫妇也。"[3]书中引《礼含文嘉》"君为臣纲,父为子纲,夫为妻纲"[4],这便是后世常提到的三纲的具体内容。作者论述三纲之义

---

1 2 《春秋繁露新注》,第260页、第261页。

3 《白虎通疏证》,第373页。

4 《七纬》,第269页。

时说:"君臣、父子、夫妇,六人也。所以称三纲何?一阴一阳谓
之道,阳得阴而成,阴得阳而序,刚柔相配,故六人为三纲。"[1]阴
阳相辅相成、相得益彰,因而君臣、父子、夫妇可"刚柔相配"。
六人为三纲,班固定义的"三纲"不仅没有不合理之处,反而谈
论得有形有象、深入人心,而且三纲在宇宙自然中也有效法的
依据。

"三纲法天地人,六纪法六合。君臣法天,取象日月屈信,归
功天也。父子法地,取象五行转相生也。夫妇法人,取象人合阴
阳,有施化端也。"[2]君臣取法日月,日为君、月为臣,"日月屈
信"象征着君臣以义各行其道,父子取象五行,夫妇则取象阴阳。
至此三纲的含义已经很明确了,三纲的合理性不仅显而易见,其
论证过程也有条不紊,由此我们不得不怀疑,谭嗣同批评的是这
样的三纲吗?

再读一下《仁学》的相关内容,我们不难看出,谭嗣同着力
抨击的并非学者们提出的三纲之论,而是"三纲之名"与现实的
社会人际状况。他说:"君统盛而唐、虞后无可观之政矣。"他还
说:"顾出于程、朱,程、朱则荀学之云礽也;君统而已,岂足骂
哉!"[3]凡侧重君统的学说,谭嗣同一律持否定态度,面对几千
年合于时势的传统文化,尤其是儒者的理论学说,他的态度不算
理智。方朝晖先生指出:"20世纪以来阻挠人们正确认识儒家思

---

1 2 《白虎通疏证》,第374页、第375页。

3 《谭嗣同卷》,第40页

想的一个背景因素是文化进化论。按照文化进化论的历史观，人类历史呈一单线的进化趋势，朝着越来越文明、进步的方向前进。据此，凡是历史上维护君主制的思想皆是落后、保守的，凡是批判这一制度的行为皆是进步、先进的，因为君主制是一落后的、与现代民主方向相背的政治制度。由于儒家的三纲思想维护了君权，所以是落后的、保守的，代表了儒家思想中的最大糟粕。然而，如果我们真正从历史的角度看问题，很容易发现这一思维方式极其荒唐、错误。"[1]一类学说的出现必定有它存在的合理性（虽然杨朱的"为己"之论屡遭诟病，但他的观点也有现实的依据与某方面的实际意义），但不知为何三纲落入人间、世俗化以后，竟成了一些糟粕？

谭嗣同批判现实问题，则是有理有据的。他说"（君）竭天下之身命膏血，供其盘乐怠傲，骄奢而淫杀"，"滥纵其百官……酷毒不可思议之法，由此其繁兴"[2]，子于父则"卷舌而不敢议"，"村女里妇，见戕于姑恶"，后母对待前子、庶妾与嫡子、主人与奴婢"而黑暗或有过此者乎"，至于夫自命为纲，所以遇其妇者，"将不以人类齿"。面对真实的社会景象，读者应与谭嗣同的感受一样，合理的三纲学说竟然扭曲到了如此境地！"中庸之为德也，其至矣乎，民鲜能久矣！"站在社会现实的立场上，谭嗣同深切

---

1 方朝晖：《"三纲"真的是糟粕吗？——重新审视"三纲"的历史与现实意义》，《天津社会科学》2011 年第 2 期。

2 《谭嗣同卷》，第 40 页。

感到五伦中朋友一伦地位的重要，他尝试以朋友一伦改造其他四伦。谭嗣同注意到黄宗羲《明夷待访录》、王船山遗书于君民之际皆有隐恫，他的君臣思想几乎沿袭了黄、王的言论，而黄、王的主张又继承了孟子的有关思想。"有民而后有君"，君为末民为本，"忠"为"抚我则后，虐我则仇"，"应物平旋（施），心无偏袒"[1]。

谭嗣同说孔子称"父父子子、兄兄弟弟、夫夫妇妇"，并未言不平等。子为天之子，父亦为天之子，父之名"非人所得而袭取"，因此父、子平等。天统于"元"，"人亦非天所得而陵压"，因而人人平等。至于夫与妇，"于古有下堂求去者，尚不失自主之权也"[2]。谭嗣同十分明白儒家的五伦思想，他从孔孟的相关思想出发，指出古时君臣、父子、夫妇之间并非不对等关系，只是孔教亡后，"独夫民贼，固甚乐三纲之名，一切刑律制度皆依此为率"[3]，以致中国愚于三纲。谭嗣同的看法是十分准确的，三纲并非宣扬了不平等，问题出在了三纲之名上，它的称法容易使人们陷入执其一端的理解中。实际上，在三纲之内，君臣、父子、夫妇各有其职责，谏净的体系比较完备。天子"建三公，序四净，列七人。虽无道不失天下"[4]。谏净"不从得去"，"以屈尊申卑，孤恶君也"。《曲礼》说："为人臣之礼，不显谏，三谏而不听则逃

---

1 2 3 《谭嗣同卷》，第41页、第47页、第48页。

4 《白虎通疏证》，第228页。

之。"君臣以义相合，无义则离。孟子也说："君有大过则谏，反覆之而不听则去。"

谭嗣同认为中国遍受三纲之名的桎梏，那么怎样改变不平等的人际关系呢？他指出世俗囿于体魄，知亲疏、远近而末视朋友。他尤为重视朋友关系，这或许与他年少时的经历有关。谭嗣同在《仁学》"自叙"中说："吾自少至壮，遍遭纲伦之厄，涵泳其苦。"[1] 谭嗣同对现实中的纲常慆人有切肤之痛，少年时他的母亲染病去世，在以后的日子里他遭到了父亲及继母的虐待。谭嗣同给予朋友一伦以高度的赞扬，他认为，"于人生最无弊而有益，无纤毫之苦，有淡水之乐"，唯有朋友。他说朋友关系，"一曰'平等'；二曰'有自由'；三曰'节宣惟意'。总括其义，曰不失自主之权而已矣"[2]。朋友一伦体现了平等、自愿精神与自由意志，彰显了人的自主权利。因此，他主张以朋友之道"为四伦之圭臬，而四伦咸以朋友之道贯之，是四伦可废也"[3]。"夫惟朋友之伦独尊，然后彼四伦不废自废。亦惟明四伦之当废，然后朋友之权力始大。今中外皆侈谈变法，而五伦不变，则举凡至理要道，悉无从起点，又况于三纲哉！"[4] 圭臬即标准，谭嗣同指出君臣、父子、兄弟、夫妇若都以朋友之道相处，四伦就可以废止了，达

---

1 《谭嗣同卷》，第 3 页。

2 《谭嗣同卷》，第 48 页。

3 4 《谭嗣同卷》，第 49 页。

到废除四伦的目标后，朋友一伦的权力才能显现，从而为变法改革拓出道路。

在谭嗣同看来，兄弟之伦略次于朋友之伦，但君臣、父子、夫妇关系为三纲所蒙蔽，如同地狱一般。他认为儒教、基督教、佛教都包含"君臣朋友""父子朋友""夫妇朋友""兄弟朋友"的道理。谭嗣同的友朋观与他的民主、平等思想密不可分，他把名教纲常称为"网罗"——一种阻碍人与人平等交往的网罗。他明确提出了"冲决网罗，扫荡桎梏"的口号，要求"废纲常，行平等"。在谭嗣同的心目中，朋友关系无疑是最理想的人际关系。

在日常生活中，谭嗣同十分看重朋友间的交往。在金陵为官期间，谭嗣同结识了居士杨文会，杨文会博览群书，熟悉佛家典籍，谭嗣同经常与他探讨，因此得以览识佛教教义，学问日益精深。

为了实现救国、救人的愿望，1898 年 8 月，谭嗣同抵达北京，随后他见到了康有为，与康有为交谈了变法主张。他十分敬佩康有为的见识，并尊康有为为老师。梁启超认为谭嗣同的著作《仁学》便是发挥了康有为的学说，康有为曾教于学者"以求仁为宗旨，以大同为条理，以救中国为下手，以杀身破家为究竟"[1]，谭嗣同的烈士之举也是实践了康有为的学说。

由于光绪皇帝没有实权，加之慈禧太后及其心腹的阻挠，变

---

1 （清）谭嗣同：《谭嗣同全集》，生活·读书·新知三联书店 1954 年版，第 515 页。

法阻力极大，政变一触即发。政变之前，光绪皇帝曾经召见杨锐，密诏谭嗣同等人设法营救他，但不久光绪帝就被囚禁了，紧接着康有为的南海会馆被查抄、康广仁被捕的消息传来。谭嗣同与梁启超来往比较密切，就义前，他建议梁启超前往日本会馆，拜谒伊藤氏，希望他能营救康有为。在日本会馆相见时，谭嗣同又劝梁启超东游日本，并将其著述、家书等稿件托付给梁启超，他说："不有行者，无以图将来；不有死者，无以酬圣主。今南海之生死未可卜，程婴杵臼，月照西乡，吾与足下分任之。"[1]遂与梁启超一抱而别。此后，他一直待在自己的居所等候被捕。被捕前一日，一些好友仍苦劝他东渡日本，他意志坚定地说："各国变法，无不从流血而成，今日中国未闻有因变法而流血者，此国之所以不昌也。有之，请自嗣同始！"[2]谭嗣同与友人的临别之言，道出了他为变法赴死的决心。他选择了赴难，也就是看中了死亡本身带给变法与新生活的意义，他希望以死警醒世人，唤起民众追求民主、自由的梦想。由此，我不由得联想起明代李贽的被捕自刎之事，李贽也是有意以死来表达他对于人世的看法，他试图以死来唤醒世人求"道"、求真的信念。此二人不约而同地信仰佛教，其人生可谓生则善，死则"义"。

谭嗣同就义后，梁启超不负朋友重托，不仅悉心为他保存了诸多文稿，整理成《谭浏阳遗集》若干卷，并将他的文章择要发

---

1 2 《谭嗣同全集》，第 524 页。

表，此外梁启超还为他写了《仁学序》与传记。在《谭嗣同传》中，梁启超说其"持躬严整，面棱棱有秋肃之气"[1]，他评价谭嗣同说："行谊磊落，轰天撼地，人人共知。"[2]在谈到谭嗣同的学问时，梁启超说："大乘之法，悲智双修，与孔子必仁且智之义，如两爪之相印。惟智也，故知即世间即出世间，无所谓净土；即人即我，无所谓众生。世界之外无净土，众生之外无我。"[3]梁启超认为谭嗣同认识到了大乘佛法、孔子等学说的相通之处。"净土与我且不爱矣，复何有利害毁誉称讥苦乐之可以动其心乎……通乎此者，则游行自在，可以出生，可以入死；可以仁，可以救众生。"[4]从这篇传记中，我们清晰地看到梁启超与谭嗣同几次亲密的交谈与往来，能够读到梁启超对谭嗣同昂然气节的尊敬之意以及对其学识的赞扬。在《仁学序》中，梁启超写道："呜呼！此中国为国流血第一烈士亡友浏阳谭君之遗著也。"梁启超认为谭嗣同的学问特征在于日新，学问日益精进的关键在于谭嗣同能够不断地学习，执著地求道。梁启超说他与谭嗣同相识三年，在三年之中，"学问言论行事，无所不与共"[5]，在学问一事上，他们更是无所不谈，无所不契合。共处时，他们时常在榻中促膝而谈，其谈论的内容是"往复上下，穷天人之奥"[6]，甚至废寝忘食，致力于论学。梁启超说若十日不相见，谭嗣同论事论学之书便盈一篋。谭嗣同从容赴死前，尤其惦念康有为的安危，他几次向梁启超表

---

1 2 3 4 《谭嗣同全集》，第 526 页。

5 6 《谭嗣同全集》，第 515 页。

示希望他能营救康有为。谭嗣同去世后，康有为书写了一首《六哀诗》，表达了他的悼念之情。

与谭嗣同交往密切的还有一个重要人物——大刀王五，1876年（光绪二年），谭嗣同与大刀王五结识，大刀王五是谭嗣同的武术教师，两人在日常切磋中结下了深厚的情谊，成为好友。大刀王五非常支持谭嗣同救国、维新的活动，光绪帝被囚禁后，两人曾商议救出光绪帝，但因瀛台戒备森严，他们始终无法靠近。清政府追捕维新志士的风声越来越紧，王五不忍心看到谭嗣同被捕，就劝他尽早离开这片危难之地，但谭嗣同执意留下。两人离别之际，谭嗣同将他佩戴的"凤矩"宝剑赠予王五。谭嗣同关押在监牢时，王五曾多次探监，希望救出谭嗣同，可都被谭嗣同拒绝了。"戊戌六君子"押往菜市口问斩那天，王五焦急万分，一心想要解救谭嗣同。他约了一些武林高手，提前做好埋伏，不料，监斩官临时改变行进路线，并严令官兵沿途把守各个路口。王五最终来到菜市口刑场时，"戊戌六君子"已英勇就义。

谭嗣同去世后，王五冒着生命危险将谭嗣同的尸体带回，并在自己的居所密设灵堂进行祭奠。随后，王五又把谭嗣同的棺椁运回湖南浏阳老家。王五返回北京后，为了给谭嗣同报仇，他联络武林豪杰，多次尝试暗杀荣禄等人。

通过谭嗣同与杨文会、梁启超、康有为、王五等人交往的事迹，我们不难看出谭嗣同与友以诚相待的态度，和与朋友切磋学问的追求与言行。谭嗣同与梁启超交往的时间虽然不长，但从梁启超的追忆中，读者不难看出他们亲密无间的挚友情谊。梁启超不仅敬仰谭嗣同的烈士襟怀，而且大赞谭嗣同的学者风范。他说："烈士之可以千古，尚有出乎烈士之外者，余今不言，来者曷述焉！"[1]他提出《仁学》一书"会通世界圣哲之心法，以救全世界之众生也"[2]。梁启超对谭嗣同的流血是这样理解的，他说众生之蔽在于"有我之见存"，其实时空无量，个人何其渺小，仔细想来，"我之一身，何可私之有？何可爱之有？"倒不如舍其身以成众生、行吾心之所安。相比《谭嗣同传》，《仁学序》的语言显得颇具情感，呈现了作为同学的梁启超对挚友言行的洞察与理解，在他看来，烈士流血，光照千秋，烈士之书，"为法之灯，为众生之眼"，谭嗣同一生可以无愧于全世界！

关于挚友的标准，前几章已经作了不少论述，但涉及具体事例时，笔者仍然禁不住感叹，促膝而谈的好友，转眼生死两隔，如今又同归于天际。他们的精神生相合，死亦相随！从谭嗣同与梁启超的交往事迹中，我们看到了他们的志同道合，看到了不以势利相交的朋友情义，"乐其友而信其道"可以用来描述他们的交友。从谭嗣同与康有为的交往中，我们可以感受到谭嗣同追随康有为的决心与斗志，以及他关心朋友安危的忘我精神。从谭嗣同与大刀王五的来往中，我们看到历史上的侠义精神再次绽放。他们是一对生死之交，在爱国情怀上，谭嗣同与王五不谋而合；在

---

1 2 《谭嗣同全集》，第515页。

解救谭嗣同的过程中，王五不顾安危全力营救；谭嗣同就义后，王五冒着生命危险为好友收尸祭奠。王五的言行，使笔者想到了明代的颜钧，“波石战没沅江府，山农寻其骸骨归葬”，想到了为李贽收尸的友人。王五虽是一介武夫，但王五的身上显现了许多朋友之“义”，如“患则死之”，朋友遇到危难时，应尽力舍身相救。在交友中，谭嗣同更是真切实践了他的友朋观，这是非常难得的。

明清时期的“友”观念较先秦时期发生了重大变化，16 世纪以后，中国社会面临着各类冲击与变动的挑战，人们的民主、自由意识逐步萌芽，何心隐与谭嗣同对朋友关系的重视达到了一定高峰。何心隐认为在君臣、父子、夫妇、兄弟、朋友五伦之中，朋友关系最似“天地交”。黄宗羲指出臣“以天下为事，则君之师友”，反映了他限制过分的君权、追求政治平等的愿望。谭嗣同认为“惟朋友之伦独尊”。他们对朋友一伦的推崇反映了当时学者追求平等、自由的社会意愿。

参考文献

[1] 孙星衍. 尚书今古文注疏 [M]. 北京：中华书局，1986.

[2] 方玉润. 诗经原始 [M]. 北京：中华书局，1986.

[3] 王先谦. 诗三家义集疏 [M]. 北京：中华书局，1987.

[4] 程树德. 论语集释 [M]. 北京：中华书局，1990.

[5] 钱穆. 论语新解 [M]. 北京：生活·读书·新知三联书店，2005.

[6] 刘钊. 郭店楚简校释 [M]. 福州：福建人民出版社，2005.

[7] 焦循. 孟子正义 [M]. 北京：中华书局，1987.

[8] 王先谦. 荀子集解 [M]. 北京：中华书局，2013.

[9] 陈鼓应. 庄子今注今译 [M]. 北京：商务印书馆，2012.

[10] 孙诒让. 墨子闲诂 [M]. 北京：中华书局，2001.

[11] 王先慎. 韩非子集解 [M]. 北京：中华书局，2013.

[12] 孙希旦. 礼记集解 [M]. 北京：中华书局，1989.

[13] 王聘珍. 大戴礼记解诂 [M]. 北京：中华书局，1983.

[14] 孙诒让. 周礼正义 [M]. 北京：中华书局，1987.

[15] 杨伯峻. 春秋左传注 [M]. 北京：中华书局，2009.

[16] 刘向. 战国策笺证 [M]. 上海：上海古籍出版社，2006.

[17] 徐元诰.国语集解 [M].北京：中华书局，2002.

[18] 许维遹.吕氏春秋集释 [M].北京：中华书局，2009.

[19] 陈立.白虎通疏证 [M].北京：中华书局，1994.

[20] 王利器.颜氏家训集解 [M].北京：中华书局，2013.

[21] 杨明照.抱朴子外篇校笺 [M].北京：中华书局，1991.

[22] 张载.张载集 [M].北京：中华书局，1978.

[23] 程颢，程颐.二程集 [M].北京：中华书局，2004.

[24] 黎靖德.朱子语类 [M].北京：中华书局，1986.

[25] 朱熹.四书章句集注 [M].北京：中华书局，2016.

[26] 王阳明.阳明先生集要 [M].北京：中华书局，2008.

[27] 何心隐集 [M].容肇祖，整理.北京：中华书局，1960.

[28] 李贽.焚书；续焚书 [M].北京：中华书局，2009.

[29] 童书业.春秋左传研究 [M].北京：中华书局，1982.

[30] 吕思勉.吕思勉读史札记 [M].上海：上海古籍出版社，1982.

[31] 查昌国.先秦"孝""友"观念研究 [M].合肥：安徽大学出版社，2006.

[32] 胡发贵.儒家朋友伦理研究 [M].北京：光明日报出版社，2008.

[33] 赵诚.甲骨文简明词典 [M].北京：中华书局，2009.

[34] 刘宗贤.儒家伦理秩序与活力 [M].济南：齐鲁书社，2002.

[35] 朱凤瀚 . 商周家族形态研究 [M]. 天津：天津古籍出版社，1990.

[36] 梁韦弦 . 儒家伦理学说研究 [M]. 长春：吉林人民出版社，1994.

[37] 张岱年 . 中国哲学大纲 [M]. 北京：中国社会科学出版社，1982.

[38] 蔡元培 . 中国伦理学史 [M]. 北京：中华书局，2014.

[39] 张岱年，等 . 中国观念史 [M]. 郑州：中州古籍出版社，2005.

[40] 梁书弦 . 中国传统伦理思想研究 [M]. 哈尔滨：黑龙江人民出版社，2007.

[41] 季乃礼 . 三纲六纪与社会整合 [M]. 北京：中国人民大学出版社，2004.

[42] 陈来 . 古代宗教与伦理 [M]. 北京：生活 · 读书 · 新知三联书店，2009.

[43] 陈少峰 . 中国伦理学史 [M]. 北京：北京大学出版社，1996.

[44] 汤仁泽 . 谭嗣同卷 [M]. 北京：中国人民大学出版社，2015.

[45] 张建业 . 李贽研究资料汇编 [M]. 北京：社会科学文献出版社，2013.

[46] 徐复观 . 学术与政治之间 [M]. 北京：九州出版社，2014.